陰陽師「安倍晴明」

安倍晴明研究会 著

JN170917

二見レインボー文庫

はじめに

式神《しきがみ》と呼ばれる鬼神《きしん》を自在に操り、
天を仰いでは、人の未来の運命をたちどころに言い当て、
大江山《おおえやま》の酒呑童子《しゅてんどうじ》も恐れたと伝えられる平安時代の大陰陽師《だいおんみょうじ》。
それが現代に甦《よみがえ》った希代のヒーロー・安倍晴明《あべのせいめい》。

安倍清明の人気は今なお高く、衰えることを知りません。

しかし、ここにひとつ忘れてはならないことがあります。

彼の人気は十年や二十年、いえ、百年や二百年どころではないのです。

すでに、安倍晴明が語り継がれてきて千年になるのです。

平安時代中期に実在した安倍晴明は、生きていたころはいうにおよばず、平安時代後期には『大鏡《おおかがみ》』や『今昔物語集《こんじゃくものがたりしゅう》』で語られ、鎌倉時代には『宇治拾遺物語《うじしゅういものがたり》』『古《こ》今著聞集《こんちょもんじゅう》』『平家物語』『源平盛衰記』などに語られました。

江戸時代になると、『晴明物語』『しのだづま』『けいせいしのだ妻』『蘆屋道満大内《あしやどうまんおおうち》鑑《かがみ》』『阿部晴明一代記』などなど、仮名草子《かなぞうし》・浄瑠璃《じょうるり》・歌舞伎・講釈と、安倍晴明をあつかった物語は、いずれも好評を博し、明治・大正・昭和・平成と、それぞれの時代のメディアで語り継がれてきたのです。

千年ものあいだ、人びとから忘れられることなく語り継がれてきた安倍晴明というキャラクターは、まさにトラディショナルなヒーローなのです。

天下人や武人でも、千年も語られた人物となると、なかなか見つからないものです。そう思うと、安倍晴明の魅力がいかに大きいものかがわかります。

私的なことになりますが、そんな安倍晴明の魅力に私（安倍晴明研究会会長・南原）が取りつかれたのは、不思議な体験をしたのがきっかけです。

一九八五年の十二月三十一日の深夜十一時、当時、目白四丁目に住んでいた私が、目白駅に向かっていると、真っ黒い猫のような大きさのものが追い抜いていったのです。正月前から黒猫なんて縁起が悪いなぁ、と街灯の光の下で見ると、猫にしては小さい。けれども鼠にしては大きすぎる。それに足もないのです。真っ黒な塊がススッと私の前を通りすぎていく。

そして目の前で黒い塊は少しずつ透明になり、やがて消えてしまいました。

ある銀行の寮の塀の前での出来事でした。

霊や宇宙人など信じない私ではありますが、合理的な説明を求めて、いろんな本を読みあさってひとつの答えにたどりつきました。あれは「式神」だったのでは……と。


そして、そんな不思議な体験をして以来、安倍晴明が気になってしかたがない一介の作家が会長となって音頭をとり、晴明に興味のある編集者、飲み仲間、インターネットで知り合った仲間たちと「安倍晴明研究会」なるものを発足させたのです。

その後、平安時代の公卿の日記や平安時代の文学作品、各種の歴史記録など、可能なかぎり当時の雰囲気を伝える一次資料にあたって、平安時代が生んだ日本屈指の陰陽師ヒーロー・安倍晴明にまつわる数々の謎を徹底的に検証しました。

多大な御協力と御支援を頂いた晴明ゆかりの神社や寺、市役所や役場、図書館、各種団体の皆様には、この場所を借りてお礼を申し上げます。ありがとうございました。

安倍晴明研究会会長　南原　順

【もくじ】

参之巻　不世出の天才陰陽師参上
伝説が語る晴明超常現象の数々

四之巻 悪鬼徘徊、暗黒の闇が支配する世界

平安時代とはいかなる時代だったか

☆多くの怪異現象を生み出した早良親王（崇道天皇）
☆抗議の服毒死で怨霊となった藤原吉子（藤原夫人）
☆母とともに怨霊となって甦った伊予親王（伊予皇子）
☆自らの策に溺れた藤原仲成（観察使）
☆無実の罪で無念な死を遂げた書の達人・橘逸勢
☆謀叛の疑いで流刑された宮田麻呂（文室宮田麻呂）
☆平安時代最大の怨霊、菅原道真
☆サイコロ占いが事実となってしまった藤原元方
☆息子・広平が即位できず無念のなかで死んだ藤原祐姫
☆孫の冷泉天皇の姿を見ることなく病死した藤原師輔
☆激しい出世欲がドス黒い未練を残した藤原朝成
☆元方の祟りか？　錯乱狂気になった冷泉天皇
☆無能な人物とあざ笑われ病死した藤原顕光
☆道長のひどい仕打ちを祟りつづけた藤原延子

闇にうごめく鬼と妖怪の群れ

☆悩みや恨みを抱える人間に取りつく生霊ども
☆ときには人助けもする天狗

五之巻

陰陽道は国家最高機密のオカルティズムだ

陰陽道の秘法奥義を解き明かす

六之巻

陰陽寮は平安時代の科学技術庁

国家の命運を握るエリート官僚、陰陽寮の正体

七之巻

魅力あふれるバイプレーヤーたち

晴明を取り巻く人物群像

☆晴明のふたりの息子たち
☆ちょっとさえなかった？　長男・安倍吉平
☆晴明もなれなかった陰陽頭になった次男・安倍吉昌
☆名門の陰陽師一族誕生！

晴明をとりまく人物にも謎がいっぱい――

☆晴明の陰陽道の師匠・賀茂忠行
☆晴明の師匠は本当は賀茂保憲だった？
☆平安最大の権力者・藤原道長は常に呪われていた
☆怨霊におののく道長は本当に晴明を重用したのか
☆楽才に天性の才能を見せた源博雅
☆源博雅が会坂の盲人のもとに行く話
☆玄象という琵琶が鬼に取られた話
☆盗人が博雅三位の篳篥を聞いて改心した話
☆晴明と源博雅は親友だったのか？
☆源博雅は武士だったのか？
☆晴明が唐に留学していたときの陰陽道の師・伯道上人
☆晴明の宿敵・蘆屋道満は本当に悪い人間だったのか？
☆蘆屋道満の実像、そして晴明との対決の真相は？

八之巻

晴明サマに会いたい！
全国安倍晴明陰陽師ツアー

本文デザイン……ヤマシタツトム／本文イラスト……小路口育子
文カット……赤枝ひとみ／図版……河野ナリヒロ／編集協力……企画者104

序之巻

平安の世に君臨した大陰陽師・安倍晴明伝説

千年の時を超え、いま甦る晴明の謎

大陰陽師・安部晴明 その幻の実像に迫る！

☆豪華絢爛な平安時代の闇に潜むもの

安倍晴明《あべのせいめい》が活躍した平安時代とは、どんな時代だったのでしょうか？

まず浮かぶのは、平安京、藤原氏の摂関政治、紫式部の『源氏物語』や清少納言の『枕草子』といったところでしょう。

もう少し歴史に詳しければ、寝殿造《しんでんづくり》の豪華壮麗な屋敷に住む貴族たちが、十二単《じゅうにひとえ》の華美な着物に着飾った美女たちをはべらせ、昼は詩歌管弦《しいかかんげん》、夜は朝までつづく宴《うたげ》といった優雅な日々が頭に浮かぶかもしれません。

「四百年にわたる平安時代は、貴族文化が開花した華やかな時代だった」というのが、

優れた占術で怨霊悪鬼を封じこめ、ときには式神を飛ばして、平安の闇を支配した大陰陽師・安倍晴明。

歴史の教科書や参考書で学んできた平安時代のイメージではないでしょうか？

しかし、うわべの華やかさに惑わされてはいけません。

どうして、どうして、実際はそんな簡単な、優美なだけの時代ではなかったのです、これが。

平安時代には、目をそむけたくなるほど忌まわしい闇の面があるのです。

なぜ、貴族は夜通しの宴を好んだのか？

なぜ、貴族には儀式が多いのか？

なぜ、貴族は詩歌管弦を好んだのか？

なぜ、神社や仏閣が多く造られたのか？

優美な貴族文化を代表するこれらのすべてに、明確な目的と意味があったのです。

ただの貴族の贅沢や権力誇示のためという教科書的解釈は真実を伝えていません。

これらが、いかに平安時代の闇の面と密接に結びついて発展していったのかは、本文中で詳しく解説するとして、いまは平安文化を発展させた闇の正体だけを明かすとしましょう。

呪詛《じゅそ》と怨念。

死霊に怨霊。

悪鬼に魑魅魍魎《ちみもうりょう》。

平安京は、これらに脅かされていたのです。

そして、これらを人びとは恐れていたのです。

これは当時の公卿の藤原実資《ふじわらのさねすけ》の日記『小右記《しょうゆうき》』や『百練抄《ひゃくれんしょう》』などの史書にも、はっきりと記述されている歴史的事実なのです。

人が人を呪い、死にいたらしめ、

人が人を怨んで、祟《たた》り、

無念のまま死ねば、魂がさまよい、

怨みを残して死ねば、人を祟り、

それらは人に、あらざる鬼を呼び、

もののけを、この世に生み出す。

では、平安時代は怨霊や悪鬼に蹂躙《じゅうりん》されるだけの暗黒の時代だったというのが真実なのでしょうか？

それは、真実です。……ある人物が登場するまでは。

☆すべてが謎に包まれている陰陽師・安倍晴明

それは謎の大陰陽師《だいおんみょうじ》・安倍晴明。

史実では天文博士《てんもんのはかせ》と記されている人物。

天文博士とは、天体や天候を観測し、天変地異を事前予知する専門家です。

そして、晴明こそ、最強の呪術を使う陰陽師だったのです。

陰陽師とは何か？　簡単にいうと、占術や呪術の達人です。

『今昔物語集《こんじゃくものがたりしゅう》』や『宇治拾遺物語《うじしゅういものがたり》』には、その眼力は人の目には見えない悪鬼や怨霊を見い出し、その術の強さはどのような呪いをもはね返し、また、式神《しきがみ》と呼ばれる鬼神《きしん》を自由自在に操っては、京《みやこ》をおびやかす悪鬼（モンスター）や怨霊（ゴースト）を退治したと記されています。

だが、安倍晴明には謎が多いのです。

というよりも、その生涯は謎、謎、謎の連続なのです。

陰陽師として安倍晴明が歴史の表舞台、すなわち正史に初めて登場するのは天元《てんげん》元年（九七八年）で、このとき、晴明は五十七歳。

驚くべきことに、この天才陰陽師がそれ以前に何をしてきたのか、正史にはいっさい記録が残されていないのです。

まったくないのです！

そして、正史に登場するや、天皇や藤原道長《ふじわらのみちなが》に重用された記録がつづくのです。

いったい、安倍晴明とは何者なのでしょうか？

そして、彼の生涯はどのようなものだったのでしょう？

晴明の陰陽師としての強さは、現代にいたるまで千年にわたって文学作品や謡曲、浄瑠璃《じょうるり》や歌舞伎などで語りつがれてきましたが、その実像は実のところ、歴史家を含めて誰にもわかっていないのです。

☆出生にまつわる謎

まず、出生そのものからが謎です。

それだけではありません。以下、具体的に晴明に関する謎をあげていきましょう。

いつ生まれたのか？

両親は誰なのか？

どこで生まれたのか？

いずれも、わかっていないのです。

「いつ生まれたのか？」

については、延喜《えんぎ》二十一年（九二一年）というのが定説となっていますが、これが事実であるかどうかは誰にもわかりません。

さきほど、正史に登場したのが五十七歳と述べましたが、実際のところ本当に五十七歳であったのかはわからないのです。

では、この定説は、どういう根拠で導き出されたのでしょうか？　本書では、それを検証してみます。

「両親は誰なのか？」

a、父親は人間で母親は狐とする説

b、晴明そのものが人間ではないとする説

現代の私たちからは信じられない話ですが、昔から広く伝わってきたのは、この二説なのです。この二説のどちらが有力なのか？　また、根拠は何にあり、これ以外の説は存在しないのかを検証します。

「どこで生まれたのか？」

a、大阪説
b、讃岐説
c、茨城説

大きく分けて三説あります。

それぞれの説ごとに、根拠となる史料と史跡を検証し、晴明の真の出生地はどこであるのか、謎の真相に迫ります。

☆幼少時代にまつわる謎

a、クモやゲジゲジを好んで食べた
b、龍宮城を訪れたことがある
c、カラスの話を理解した
d、人に見えない鬼を見る力があった

安倍晴明の幼少時代として有名なのは、大きくこの四つです。いずれも後の晴明の天才ぶりを予感させるものばかりです。

では、この四つの伝説はどのようにつくられ、受け継がれてきたのでしょうか？

そして、そのなかには何らかの真実が隠されてはいないのでしょうか？

いや、かならず何かあるはずです。

それを歴史的に検証するとともに、これらのエピソードから、正史に伝わっていない少年時代の晴明の謎に接近します。

☆大陰陽師としての秘術の謎

晴明が何歳で陰陽師になったのかは、記録にはありませんが、陰陽師として発揮した力の数々は『今昔物語集』や『宇治拾遺物語』、『古今著聞集《ここんちょもんじゅう》』や公卿たちの日記にも残されています。

a、花山《かざん》天皇の前世を見抜いた。『古事談』

b、式神という鬼を自在に操った。『今昔物語集』

c、人の操る式神を隠す力があった。『今昔物語集』

d、死者を甦《よみがえ》らせることができた。『今昔物語集』

e、花山天皇の譲位を予知できた。『大鏡《おおかがみ》』

f、人の感情を操ることができた。『北条九代記』

g、どんな呪いをも返すことができた。『宇治拾遺物語』
h、在原業平《ありわらのなりひら》の家を災害から封じた。『無名抄《むみょうしょう》』
i、藤原道長の命を眼力で救った。『古今著聞集』

これらは、いずれも占術や呪術を駆使し、人の過去も未来も見通し、人にあらざる力を使った、いわば晴明の秘術に関する証言でもあります。

大陰陽師・安倍晴明の秘術とは？

晴明に不可能はなかったのか？

陰陽師としての晴明に隠された謎を、代表的な九つのエピソードを通じて検証します。

☆晴明が闘った悪鬼怨霊の謎

また、関連して、大陰陽師・安倍晴明についての伝説の残っている全国各地の場所の謎についても、独自の視点で検証します。

晴明は平安京を守護するために、悪鬼怨霊と戦ってきたことは前にも述べました。

晴明は知っていたのでしょうか。

なぜ、怨霊が現われるのかを？
なぜ、鬼が現われるのかを？
特に平安時代は、怨霊が続々と現われた時代です。
早良親王《さわらしんのう》（崇道《すどう》天皇）
藤原吉子《よしこ》（藤原夫人）
伊予《いよ》親王（伊予皇子）
藤原仲成《なかなり》（観察使《かんさつし》）
橘逸勢《たちばなのはやなり》
宮田麻呂《みやたまろ》（文室《ふんやの》宮田麻呂）
冷泉《れいぜい》天皇
菅原道真《すがわらのみちざね》
大納言藤原元方《もとかた》と、娘の祐姫《すけひめ》
左大臣藤原顕光《あきみつ》と、娘の延子《えんし》
藤原朝成《あさひら》
藤原師輔《もろすけ》
このうち、早良親王だけが長岡京時代から怨霊となって祟っていますが、後の怨霊はすべて平安時代になってから出現しています。藤原吉子から藤原師輔まで、約百八十年に十三人が怨霊となっているのです。

これに、長屋王《ながやおう》、藤原広嗣《ひろつぐ》、吉備真備《きびのまきび》、藤原不比等《ふひと》、他戸《やりど》親王、井上内親王《いのうえないしんのう》らの平安時代以前からの怨霊を加えると、あわせてその数は二十名！

これらすべてが、朝廷や天皇を、大臣や公卿を祟り、つぎつぎと病死や狂い死にに追いこんだと記録は伝えます。

晴明たち陰陽師は、怨霊が生まれることを防ぐことはできなかったのでしょうか？

また、正史のうえでは怨霊が消滅したという記録は残っていません。それも現代にいたるまでです。

とすると、晴明の力をもってしても、怨霊を消滅させることはできなかったのでしょうか？

そして、鬼です。

那智山《なちさん》の天狗

九尾《きゅうび》の狐（玉藻前《たまものまえ》）

一条戻橋《いちじょうもどりばし》の鬼女《きじょ》

大江山《おおえやま》の酒呑童子《しゅてんどうじ》

九尾の狐は中国の古代王朝をつぎつぎと滅ぼした恐るべき妖怪ですし、鬼女と酒呑童子は勇猛で知られる武士・渡辺綱《わたなべのつな》ですら倒せなかった強敵です！

なぜ、これらの悪鬼妖怪は晴明を恐れたのか？　数々の悪鬼怨霊を生んだ平安時代というものを振り返りながら、これらの謎を検証します。

☆陰陽道とは何か

晴明の一生は陰陽道とともにありました。陰陽道こそが晴明のすべてであったといっても間違いないでしょう。

では、晴明が一生を捧げた陰陽道とは、どんな学問だったのでしょう？

また、晴明の生きていた時代に陰陽道はどのように評価され、位置づけられていたのでしょう？

学問としての陰陽道と、平安時代中期から密教以上に陰陽道が朝廷で重用された謎を検証します。

☆晴明も一員だった陰陽寮の謎

晴明は陰陽寮《おんみょうりょう》で天文博士という役についていました。陰陽寮は、朝廷の中務省《なかつかさしょう》に所属した、朝廷の機関、役所です。

当然、晴明にも官位があります。天文博士の晴明の官位は正七位下です。

天文博士を含めて、陰陽寮にいる陰陽師たちは朝廷で、どんな位置にあったのでしょう?

陰陽寮と朝廷の関係に隠された謎を明らかにするとともに、陰陽寮の役人としての晴明像を検証しながら、正史に記録された五十七歳以後、晴明の八十五歳までの生涯をも明らかにします。

☆晴明をとりまく人びとの謎

特異な能力をもつ晴明。しかし、彼をとりまく人たちにも謎はあります。

a、賀茂忠行《かものただゆき》……晴明の師といわれる人物ですが、本当にそうだったのでしょうか?

b、藤原道長……晴明に何度も命を救われたことで有名ですが、なぜ、道長はこれほどまでに呪いの対象にされたのでしょうか？

c、源 博雅《みなもとのひろまさ》……晴明の親友として注目を浴びていますが、それは事実なのでしょうか？

d、伯道上人《はくどうしょうにん》……蘆屋道満《あしやどうまん》に殺され、首を切られた晴明を死から甦《よみがえ》らせたといわれていますが、実在したのでしょうか？

e、蘆屋道満……晴明の宿敵といわれ、数度にわたって晴明と死闘を繰りひろげた道満は、本当に悪逆な陰陽師であったのでしょうか？

これらの人びとの謎を解き明かすとともに、晴明の妻や子、また晴明の一族に関しての謎も検証します。

以上のように、本書では壱之巻〜七之巻で、晴明にまつわる謎を具体的、かつ立体的に検証しながら、さまざまなデータを駆使して、限りなく安倍晴明の実像に迫ります。

さらに八之巻で全国安倍晴明陰陽師ツアーとして、晴明ゆかりの地の紹介をします。

千年の時を超えて、いま、ここに安倍晴明のすべてが甦ったのです！

壱之巻

信太の森の女狐が生みの親？
安倍晴明ルーツの謎

出生の秘密

☆さだかではない晴明の誕生年

安倍晴明《あべのせいめい》は謎の多い人物です。いつ生まれたのかも、両親は誰なのかも、どこで生まれたのかも、まったくわかっていません。

いや、晴明が生まれたのは延喜《えんぎ》二十一年（九二一年）だと研究書に書かれているという声があがるかもしれません。

しかし、それは事実ではありません。いくつかの資料の組み合わせから推測された出生年なのです。当時の公文書には晴明の出生年についての記録は、いっさい残っていないのです。

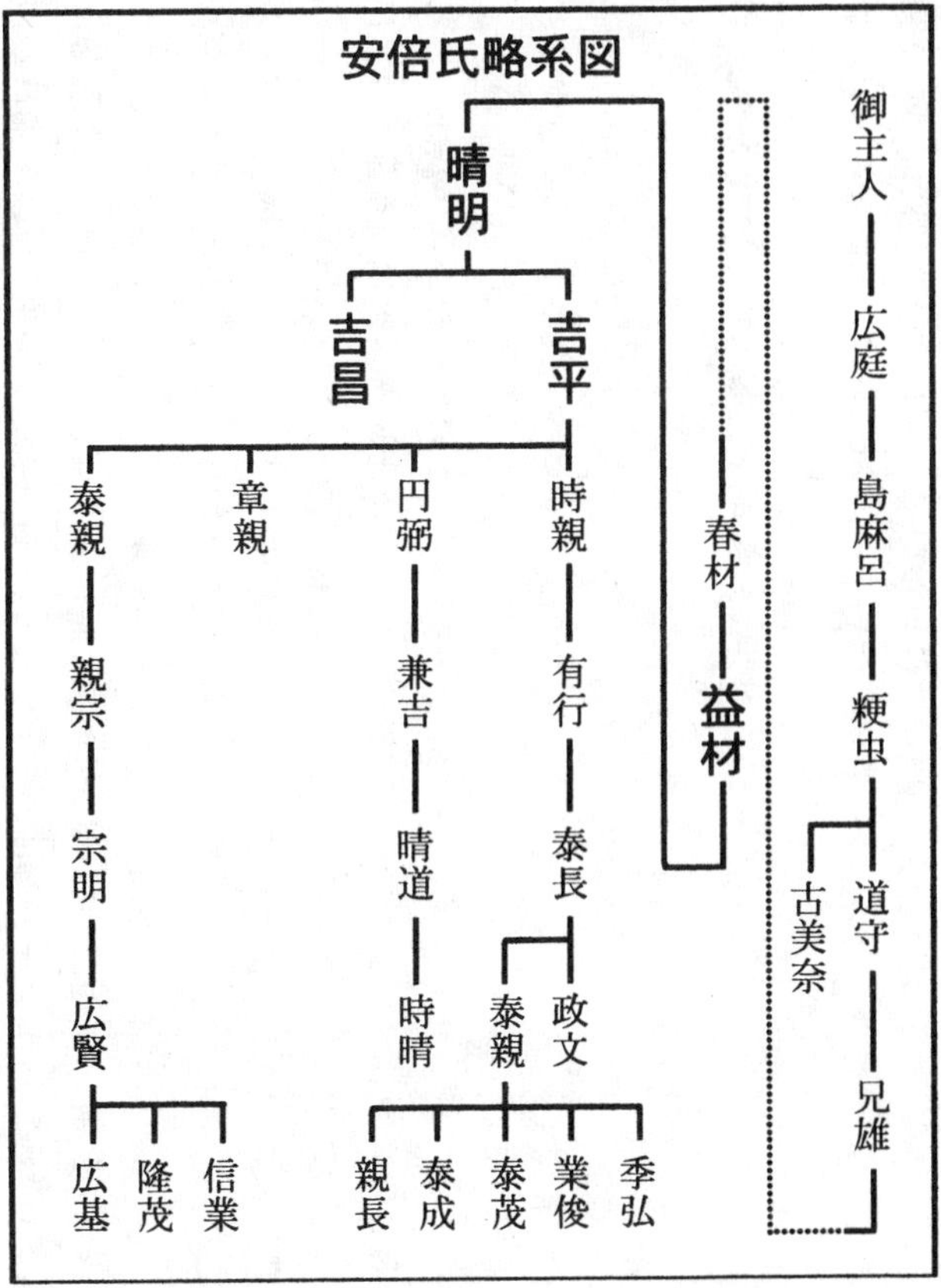
安倍氏略系図
御主人
広庭
島麻呂
粳虫
道守
兄雄
古美奈
春材
益材
晴明
吉平
吉昌
時親
円弼
章親
泰親
有行
兼吉
親宗
泰長
晴道
宗明
政文
泰親
時晴
広賢
季弘
業俊
泰茂
泰成
親長
信業
隆茂
広基

公文書に残されているのは寛弘《かんこう》二年（一〇〇五年）九月二十六日に亡くなったという没年の記録だけです。これには享年《きょうねん》（死んだときの年齢）は記されていません。

しかし、いくつか伝わる安倍氏の系図には八十五歳と記されています。

実は晴明の出生年とは、このふたつの資料をもとに逆算して出されたものなのです。

単純に差し引きすると、延喜二十年（九二〇年）になるのですが、それなのにどうして二十一年なのかというと、当時の年齢は数え年で計算されていたからです。

ただし、系図に伝わる享年八十五歳というのが絶対に正しいといいきれない部分があるので、事実とは断定できないのです。

ですから、序之巻で、晴明が正史に五十七歳で突然現われると述べましたが、実際のところ本当はいくつであったのかは謎です。

晴明の出生年は、いまも謎のままです。

☆保名と益材、父親はどちらなのか

では、晴明の父親についてはどうなのでしょうか？

父親として一般に有名なのは、つぎのふたりです。

安倍保名《あべのやすな》……阿倍仲麻呂《あべのなかまろ》の子孫で、もとは希名《まれな》と名乗っていた。いまの大阪阿倍野《あべの》区のあたりで暮らしていた人物。

安倍益材《あべのますき》……右大臣安倍御主人《みうし》から九代目、大膳大夫《たいぜんのたいふ》という役目についていた人物。

このふたりのうち、昔から父親として有名なのは保名です。

陰陽師・賀茂《かも》氏に弟子入りせよとお告げを受けて弟子入りした人物――安倍晴明が活躍する古浄瑠璃《こじょうるり》や仮名草子《かなぞうし》、歌舞伎の世界では、保名はそう伝えられています。

そのなかでは、保名が陰陽師となる理由も描かれています。そこには、かつて唐王朝に仕え、かの地で死んだ阿倍仲麻呂の霊が関係しているのです。

実は賀茂一族は吉備真備《きびのまきび》の子孫なのです。そして、遣唐使として唐を訪れた吉備真備は、仲麻呂の霊に窮地を何度も救われた恩があるのです。

これについては、あとの巻で詳しく説明しますが、仲麻呂と真備の霊に導かれて、保名はなるべくして陰陽師になったと、物語では語られています。

保名の名前は、このように、いまでいう伝奇物語の形式をとった晴明の、どの物語にも父親としてかならず登場してくるのです。

江戸時代には晴明の父というと、誰もが保名と記憶していたほどです。

しかし、平安時代や鎌倉時代に記された書物に保名という名前は登場していません。

保名が父親として登場するのは、あくまで物語世界だけなのです。

これにくらべて、益材のほうは『尊卑分脈《そんぴぶんみゃく》』という家柄に関する家系図集のなかで、安倍氏として紹介する系図のなかで、晴明の父親として、はっきりと記されています。

では、晴明の父親は益材なのでしょうか？

系図を信頼すると、そうなります。

しかし、益材にしても名前が登場するのは系図だけで、保名と同様にほかには父親として登場しません。

系図は複数存在しますが、系図以外の資料に、晴明の父親についての表記がないのが気にかかります。系図の真偽を検証する方法がない以上、これは言い伝えであって、事実ではないのです。

現在のところ、この系図を信頼することを前提として晴明の父親は益材とされていますが、実際には晴明の父親が誰なのかは、謎のままなのです。

☆母親は信太の森の白狐？

晴明の父親以上に謎なのが、母親です。

母親の名前も、存在についても、系図には残っていません。伝承、伝説、説話、歌舞伎や仮名草子、古浄瑠璃が晴明の母親について伝えていますが、そのどれもが晴明の母親は人間ではないとしています。

母親は白狐《びゃっこ》。

伝える内容は、こうです。

晴明の父親が狐を救ってやり、それを恩義に感じた狐が女に化けて妻となり、晴明を産んだ。しかし、狐の姿を晴明に見られてしまったために、母親は森に帰ってしまった。

内容に多少の違いはあっても、母親が狐である点は、いずれもおなじです。

伝説や物語によっては、母親に名前がある場合もあります。

葛子《くずこ》

葛《くず》の葉《は》

このふたつがそうです。

晴明の父、保名が弟子入りした賀茂憲明《かものりあき》に後継者として指名され、自分の娘と結婚させようとするのですが、その娘の名前が葛子、もしくは葛の葉の名前になっています。

ふたりはおたがいにひかれあうのですが、事情があってはなればなれとなり、そのときに狐を助け、それを恩と感じた狐が彼女の姿になって保名の前に現われる。

こちらにしても、晴明は狐の子であることは変わりません。

はたして、本当に晴明の母親は狐なのでしょうか？

晴明に関しては、異説もあります。

『臥雲日件録《がうんにっけんろく》』という、晴明没後、かなりあとで書かれた文書には、晴明には父も母もなく、「化生《けしょう》ノ者」、すなわち人間ではない存在と記されています。

人間ではない存在とは何でしょうか？

神が生んだもの。

天から生を受けたもの。

仏教が入ってくる前までは、こう考えられていました。平安時代でも、このような考えは残っていたようです。

例をあげれば、酒呑童子《しゅてんどうじ》もそのひとりとされています。酒呑童子の場合は誤った方向に行ってしまい、人を食らう醜い姿の鬼と化してしまったのですが、もともとは美少年であったと伝えられています。

この場合の神は、神といっても西洋的な唯一絶対神ではありません。日本古来から

女狐は美しい女に身を化かし、安倍保名という男と愛しあって晴明を生む。しかし、「母さまこわい」と幼い晴明が泣きだし、別離の涙をこらえながら森へ消え去った。（信太森葛葉稲荷神社）

の神、いわゆる八百万神《やおよろずのかみ》です。

現代風にいうならば、晴明は天の遣わした精霊、または大地の気によって生まれた精霊であると『臥雲日件録』は伝えていることになります。

蛇足ではありますが、古来から神が遣わした童子《こども》とは、特異な力を持つと同時に、その容貌は、はなはだ美形であったといいます。

その意味では、狐の子以上に「化生ノ者」の晴明のほうが、現代の求める安倍晴明像により近いのかもしれません。

さて、これまで晴明の出生年について、また父親と母親についても記録が残されていないとお話ししてきました。

しかし、それについては、こうも考えられるのではないでしょうか。

晴明は意図的に、わざと残さなかった。

それ以上に、私たちが晴明と呼ぶ名前すら、本名ではなかったとしたら？

用心深く、また呪術の知識にたけた晴明のことです。いかなる呪詛《じゅそ》も身に及ばぬよう、自らに関する情報を極力伏せていたとしても何の不思議もないのです。

無論、真実は闇のなかですが……。

生誕地の謎

☆晴明はどこで生まれたのか

晴明の出生の謎で、出生についてはまったくわかっていないと述べました。当然のことながら、そのなかには出生地についても含まれていますが、わかっていないなかでも出生地については、

一、大阪説
二、讃岐説
三、茨城説

と、大きく分けて三説あります。

ここでは、それぞれの説ごとに根拠となる史料と史跡を検証し、可能性を探ってみます。

☆検証一　ふたつの大阪説

安倍晴明神社と泉州《せんしゅう》信太森《しのだのもり》葛葉《くずのは》稲荷《いなり》に伝わる『葛之葉伝説』では、晴明の父は、摂津国《せっつのくに》東成郡《ひがしなりぐん》阿倍野、現代の住所に置き換えると大阪市阿倍野区阿倍野の出身と伝えています。

「いまから千年以上昔、阿倍野に安倍保名という男が住んでいました。

あるとき、保名は友人と和泉の信田明神にお参りした帰りに、近くの信田の森に行くと、狩りで追われた白狐が逃げてきて、これをかくまってあげました。

その後、白狐は女の人になって保名のところへ来ます。名前は葛の葉と名のりました。

ふたりは結婚して阿倍神社の近くに住み、やがて子供が生まれ、安倍童子（晴明の幼名）と名づけました」

安倍晴明神社には、このように伝わっています。泉州信太森葛葉稲荷にも、これとおなじようなお話が伝わっています。

晴明が白狐の子というお話が有名になったのは。江戸時代の古浄瑠璃『しのだつまつりぎつね　付アベノ清明出生』からで、これが大人気となると仮名草子や歌舞伎でも『信田妻』ものがつぎつぎとつくられるようになります。

江戸時代の作品のほとんどが晴明の出生地を阿倍野としているのは、いずれも『しのだつまつりぎつね　付アベノ清明出生』にならっているからだといわれています。おそらく、古浄瑠璃『しのだつまつりぎつね　付アベノ清明出生』は安倍晴明神社と、泉州信太森葛葉稲荷に伝わる話をアレンジして物語に仕立てたのでしょう。

晴明が阿倍野の出身というのは、伝説としてではなく、安倍晴明神社の記録として残っています

安倍晴明神社に伝わる治承《じしょう》四年（一一八〇年）正月付の『安倍晴明宮御社伝書』には、安倍晴明が亡くなったことを惜しんだ上皇が晴明の子孫に対して、生誕の地に晴明を祭らせるように申しわたし、亡くなって二年後の寛弘四年（一〇〇七年）に完成したのが安倍晴明神社であると記述されています。

大阪説は阿倍野説だけではありません。

郷土史家の猿田博氏が平成七年に出した『あべの今昔物語』には、安倍保名が物語

だけではなく、実在の人物であったという伝説が記されています。

大阪府豊能《とよの》郡能勢《のせ》町には信田の森と呼ばれる場所があって、近くの稲荷神社には室町時代初めのころの石塔と、ふたつの供養碑が建っていて、いずれも安倍保名という名前であると同書では指摘しています。

供養碑のひとつは万延《まんえん》二年（一八六一年）の九百年忌、もうひとつは昭和三十六年（一九六一年）の千年忌。これには応和《おうわ》二年（九六二年）三月二十三日に安倍保名が没したと記されているそうです。

さらに、この地には塩谷湯という冷泉があり、そこには安倍保名が、葛の葉の傷を治すためにやってきたという言い伝えも残っていると、猿田氏は『あべの今昔物語』で紹介しています。

安倍保名が実在の人物とし、一般に伝わる保名と葛の葉がいっしょに暮らしていた期間を考えるのなら、能勢町で晴明が生まれたと考えることもできます。

☆検証二　古誌が伝える讃岐説

嘉永《かえい》元年（一八四八年）に刊行された四国丸亀藩の公撰地誌《こうせんちし》『西讃府志《さいさんふし》』は、讃岐地方に関するさまざまな話をまとめた全六十一巻からなる本ですが、このなかには安倍晴明の言い伝えもあります。

それによると、讃岐国香東《かとう》郡井原《いはら》に生まれたとあります。

晴明が讃岐の国に下ったとき、暗い夜道を式神《しきがみ》（使鬼神）に火のついた松明《たいまつ》を持たせて歩かせていますと、善通寺《ぜんつうじ》の前を通ろうとしたときに、灯りを持たせた式神の姿が消えてしまいました。

やがて寺を通りすぎると、いつのまにか灯りを持った式神が晴明の前を照らしています。怒って晴明が理由を問うと「善通寺の山門の額は弘法大師が書いたもので、あれは四天王が守護しているから通ることができないのだ。だからほかの道を通った」と答えたそうです。

『西讃府志』には、このような話が伝わっています。

讃岐に下ってきたという表現は、晴明が京で陰陽師として有名になったあと、讃岐に用事があって戻ってきたと解釈できるのではないでしょうか。

平成七年（一九九五年）に高原豊明氏が出した『写真集安倍晴明伝説』には、室町時代の禅僧・義堂周信《ぎどうしゅうしん》の『空華日用工夫略集《くうげにちようくふうりゃくしゅう》』を讃岐説のひとつとして紹介しています。

永徳《えいとく》三年（一三八三年）一月十九日に語った話として記録されている一文のなかに安倍晴明の讃岐出生説が記されているとのことです。

☆検証三　筑西市猫島に伝わる茨城説

元和《げんな》一年（一六一五年）から寛永六年（一六二九年）にかけてまとめあげられた『簠簋抄《ほきしょう》』という本があります。

これは『三国相伝陰陽《さんごくそうでんいんよう》輨轄《かんかつ》簠簋内伝《ほきないでん》・金烏玉兎集《きんうぎょくとしゅう》』という陰陽道の奥義書のための注釈書であると同時に、晴明の一生を語った物語の最初の作品とされています。

吉備真備が、天皇の命令で唐に伝わる秘伝を日本に持ち帰るように命じられて、遣唐使として留学した話と、その子孫が賀茂氏であることは出生の秘密の項でも述べました。

『簠簋抄』では、吉備真備は帰国して八十歳の生涯を終えようとしたときに、

「すべては阿倍仲麻呂のおかげだった。仲麻呂の子孫にこそ、秘伝書『金烏玉兎集』を受け継がせたい」

と、常陸国筑波山麓猫島《ひたちのくにつくばさんろくねこしま》に住む仲麻呂の子孫の童子を見つけ出して秘伝書を譲り渡

した と記述されています。

ここに出てくる猫島という地名は、現在の茨城県筑西市《ちくせいし》猫島のことです。

☆どこが本当の出生地なのか

何度も繰り返して述べているように、晴明が生きていた当時の公的記録に出生に関する記述はいっさい残っていません。

晴明の出生地の可能性としては、安倍晴明神社に伝わる治承四年（一一八〇年）正月付の『安倍晴明宮御社伝書』に伝わる内容が事実であったとするのなら、阿倍野が最も有力となります。

ただし、あくまで事実とするならです。

しかし、阿倍野説にしても、讃岐説にしても、かなり時代があとの人が聞いた話を残したものですから、これをそのまま事実と断定することはできません。

もうひとつの大阪説の能勢町は、安倍保名の供養碑こそ残っていますが、晴明が生まれたかどうかまではわかりません。

茨城説は『簠簋抄』の記述を信じれば、という条件つきです。

『簠簋抄』は晴明を神格化していますから鵜呑《うの》みにはできませんが、出生地が創作かどうかまではわかりません。

真実である可能性も捨てきれません。

それぞれの説の根拠をあげてはみましたが、現在に伝わっている資料や史跡だけでは、どの地域にしても、ここが晴明の出生の地だと断定するのは難しいようです。

大阪阿倍野説、大阪能勢町説、讃岐説、茨城説の、どれもが出生地であった可能性を秘めているのです。

弐之巻

悪食の神童、異能ぶりを発揮

幼少年時代の晴明を検証する

幼年時代にまつわる伝説の謎

☆晴明幼年時代の悪食伝説

記録としてはまったく残っていない晴明《せいめい》の幼少時代ですが、伝説としては、いくつかが伝えられています。

晴明は生まれてすぐのころから、親の手をわずらわせない赤ん坊であったが、三歳（かぞえ年四歳）のころから、家でクモやゲジゲジを見つけると口に入れ、田畑に出ればイナゴやムカデをむしゃむしゃと好んで食べた。また、恐ろしい蛇にもおびえたことがなかった、とあります。

実は、この悪食《あくじき》伝説は、宝暦《ほうれき》七年（一七五七年）に出た物語本『信田《しの》白狐《だびゃっこ》伝《でん》』（作者

誓誉《せいよ》）が発祥です。

晴明が平安時代の人物だったことから考えると二百四十年前というと、ついこの前の出来事のように思えるかもしれません。が、この本が出たのは八代将軍吉宗《よしむね》の時代ですから、それが伝説になっても不思議はないかもしれません。

さて、『信田白狐伝』では晴明の悪食は、その後どうなったのでしょうか？　つづきを紹介しましょう。

晴明のあまりの悪食ぶりに、父親は自分の前世での報いが息子を襲ったのかと嘆き悲しみ、母親は、自分の狐の血が、幼い我が子をそうさせているのだと思うと、気が気ではありません。

「ああ、お前さまが、このままクモやゲジゲジを食べつづけていたなら、そのうち私の正体も知られてしまうかもしれない……。

そうなったら、母は、もうお前さまとここでいっしょに暮らしていくことができなくなるかもしれません」

ホロリホロリと涙を美しい瞳からひとつふたつと流す母親に、クモやゲジゲジを口に入れて噛みつぶして食べるのは好きだけど、母様がいなくなってしまうのは悲しいので、今日からはやめますと晴明はいうのです。

そして、その言葉どおりに晴明の悪食はなくなるのですが、このしばらくあとに、母との悲しい別れのときはきてしまうのです。

このエピソードが晴明に関する伝説としていまも伝わっている背景には、狐の子であるという晴明のキャラクターを的確に表現していることと、教訓性にあると思います。

狐には神的な面と、獣《けだもの》としての面のふたつがあります。予知をしたり呪術を使う頭の良さと、つまらない部分で油断を見せる獣ならではの詰めの甘さです。

なるほど、晴明は狐だったからやっぱり子供のころは、そうだったんだと思う反面、後年、あれだけの陰陽師になる晴明ですら、子供のころは欠点があったんだから、自分だって、と読者に希望を与えもするでしょう。

それゆえに心に残り、他の作品で真似されたり、作品自体を知らない人間にも口伝えで伝わって、いまにいたったのではないでしょうか。

それだけではありません。

実は、このエピソードのなかには晴明の呪術の強さの秘密が隠されているのです。

☆狐の霊的能力の恩恵

クモやゲジゲジ、イナゴにムカデ、それに蛇ですが、これには晴明の悪食の内容説明のほかに、もうひとつの意味があります。

伝説に登場する狐などの妖力を持つ獣には、虫や蛇、蛙を自在に操る者がいます。クモやゲジゲジを捕えて「これからお前を食うところだ。どうだ、食われたいか？」と眼光鋭くにらみつけるのです。そして、食べられたくないという虫を自分の配下として、ときにはそれを自分の目や耳とし、ときには呪いをかける道具として使うのです。

これは、陰陽道《おんみょうどう》での式神《しきがみ》使いとおなじです。

話を晴明に戻すと、いまにもムカデを口に入れようとしていたところに、母が泣いて、それを食べるのをやめたならムカデは何らかの返礼をしたでしょう。晴明が何を頼んだかはわかりませんが、それが晴明の能力の開眼になったのは間違いないでしょう

このように狐の霊的能力という点を踏まえてこのエピソードを解釈すると、母が泣

いて悪食をやめてくれと頼んだシーンにも、もうひとつの解釈が可能になります。

「狐の妖力を血に受けているのに、我が子晴明は、どうして虫を食べることを楽しむのでしょう。これでは、ただただ、あさましい獣とおなじではありませんか。早く、この子が妖力に目覚めなくては、人間にとっても、狐にとっても不幸が訪れてしまう。そうなったら、私はこの家にはいられなくなってしまうのでしょうね……」

というように、晴明の霊力の目覚めの遅さを母が案じていたが、自分の正体を明かすわけにもいかずに煩悶《はんもん》していたと。

こちらの解釈のほうが、母の晴明への愛情がより深く感じられるのではないでしょうか。

実は、このエピソードこそ晴明が幼児のころから、その血に並々ならぬ霊力を秘めていた証明なのです。

そう考えると『信田白狐伝』のこのエピソードは、何か伝説か伝承を参考にしていたのではないかと勘ぐりたくもなります。

作者がどんな人物かは、いまではわかっていませんが、この作者が何かいまに伝わっていない伝承を見つけ、それを参考にして書いたということは考えられないでしょうか？『信田白狐伝』で初めて出現したこのエピソードは、本当に純然たる創作なのかどうか、誰にも判断はできないかもしれません。

☆母に霊力を授かった伝説

父・保名《やすな》の前に、たがいに愛しあいながらもはなればなれになっていた本物の葛子《くずこ》(葛《くず》の葉《は》)が姿を現わし、いままでいっしょにいた葛子(葛の葉)は保名が助けた白狐であったことがわかったのです。白狐は家に、

恋しくば尋ねてもみよ和泉なる　信太の森の恨み葛の葉

と歌を残して姿を消してしまいます。

そして、幼い晴明と父は森へ行き、消えてしまった葛子(葛の葉)を探すのです。必死で呼びかけた末に、母親は姿を現わしますが、二度と戻ることはできないと涙ながらに訴えます。代わりにと晴明に霊力を与えて、狐の姿に戻って森の奥へ消え去っていくのです。

このお話は、晴明の幼少時代で最も有名なエピソードだけに、晴明の出生地とされる場所に、それぞれ少し違った形で残っています。

このお話が文書となった本でもっとも古いのは『簠簋抄《ほきしょう》』で、それでは、晴明の出

生地の謎でふれた、常陸国筑波山麓《ひたちのくにつくばさんろく》の猫島《ねこしま》が舞台となっています。後の歌舞伎や浄瑠璃《じょうるり》でのお話は、この本が元ネタになっていると考えていいでしょう。

だからといって『簠簋抄』のお話が伝説の元祖というわけではありません。

その理由は、つぎの少年時代の項で説明するとして、ここでは母が消えてから森へ探しに出るまでに三つのパターンがあることを考えてみます。

a、晴明はすぐに森に行った

b、晴明は、しばらくして森に行った

c、後に京に出てから森に行った

どのお話もこのどれかですが、実は、このなかに三つの晴明像が隠されているのです。

aの場合、晴明は特別な子供であっても、やはり母を恋しがる普通の気持ちの持ち主であったことがうかがえます。だからこそ、母との再会と本当の別れには、母を恋しがる普通の子供としての時代の終わり、すなわち、親から精神的に自立して、大人に成長しようとする瞬間の晴明の姿があるのです。

bは、母に会いたいという感情を抑えようとする、子供のころから強い意志を持った晴明像が浮かんできます。

別な考え方をすると、別れたあとも母は晴明の夢のなかに現われては、霊能力を開花させる教えを施し、それがすべて終了して、もう夢にも現われることはないといわれ、それで寂しくなって森に会いに行ってしまったとも解釈できます。

cは、森が遠すぎて会いに行けないというのが前提にきています。せめて、もう一度母に会いたいという気持ちを胸に抱きながら成長していく晴明像です。そして、少年期を迎えるころには単なる母恋しさから、立派に成長した自分の姿を見せたいという気持ちに変わり、それが晴明を京に招いた。

この三つのどれも、晴明の幼児時代に本当にあったとしても不思議はないのではないでしょうか。

少年時代の安倍晴明

☆晴明少年時代の謎

安倍晴明の少年時代もまた、幼年時代とおなじく、ほとんど知られていません。現在までに伝わっているのは、以下の三つといってよいでしょう。

・人に見えない鬼を見たことがある
・龍宮城に行ったことがある
・鳥が話す言葉がわかった

いずれも、晴明には先天的に陰陽師としての才能が備わっていたことを証明するものばかりです。

☆人に見えない鬼を見た話

陰陽師の賀茂忠行《かものただゆき》のお供で出かけたとき、晴明は恐ろしい鬼たちが自分たちに向かってやってくるのを見て驚いた。

驚いた晴明は、牛車《ぎっしゃ》のなかで眠っていた忠行を起こし、鬼が近づいてくることを話した。

忠行は、よくぞ教えてくれたと晴明に感謝するや、術を使ってその場に結界《けっかい》を張って隠れ、一行は鬼たちから身を守ることができた。『今昔物語集《こんじゃくものがたりしゅう》』に伝わる一節です。

この『今昔物語集』は、全三十一巻からなる仏教の教えを説く書です。このうち第二十一巻以降が日本を舞台にしたエピソード集で、単に仏教のことだけではなく、怪異談や伝説、また、都での実話や噂なども豊富に収録されています。

晴明についての原文は、巻第二十四第十六「安倍晴明随忠行習道語」で、いまも図書館などにある古典文学全集のどれかで読むことができます。

有名な一節ですので、わかりやすく訳して紹介しましょう。

●安倍晴明が忠行の弟子として陰陽道を修行した話

〈今は昔。陰陽寮《おんみようりよう》で天体の運行を調べ、世の吉凶を占う天文博士《てんもんのはかせ》の安倍晴明という陰陽師がいました。これほどまでの力のある陰陽師はいたことがないといわれるほどの天才陰陽師です。

その晴明ですが、少年時代は賀茂忠行という陰陽師の弟子で、昼も夜も陰陽道を学んでいましたから、実力は折り紙つきとの評判だったようです。

そんなわけで、晴明が若かったときのことです。

師の忠行が都の下京のあたりに出かけ、そのお供として牛車の後ろを歩いていますと、師の忠行は車のなかで寝入ってしまっています。

そのときです、晴明が見たのは。想像を絶する恐ろしいなりの鬼たちが、牛車の前方から百鬼夜行《ひやつきやぎよう》とでもいうのでしょうか、群れをなしてこちらに向かってくるのです。

これに驚いた晴明は、牛車のうしろに走り寄り、師の忠行を起こして鬼たちのことを告げます。

忠行は、すぐに目をさまして牛車の外に出ると、なるほど、晴明のいうとおりです。術を使って牛車のまわりに結界を張り、自分も供の者も鬼から見えないようにしてしまい、その場を無事にきりぬけました。

その後、忠行は晴明のことを二度と見つからない逸材として、陰陽道の奥義のすべてを残らず教えました。

そんなわけで、ついに晴明は陰陽道において、朝廷や貴族たちから公私にわたって重く用いられるようになったのです。〈『今昔物語集』巻第二十四第十六〉

『今昔物語集』が成立したのは、平安後期の保安《ほうあん》元年（一一二〇年）とされていますから、晴明が亡くなってから百十五年後に、文章としてまとめられたわけです。

この話の出典は伝わっていませんが、忠行か晴明のどちらかが、縁者や家族に話したことが伝わり、それが収録されたと考えてよいでしょう。

仮に晴明が八十歳のときに、七歳ぐらいの子供に直接話し、その子たちが七十五ぐらいまで生きたとすると、没年は一〇七五年ごろ。

それから四十五年ほどあとに『今昔物語集』は形になりますから、晴明から直接聞いた世代からの口伝えが残っていたとして不思議はありません。

となると、これは伝説ではなく、生きていた当時の晴明を知る者たちが語った思い出話と解釈していいと思うのです。

その意味では、『今昔物語集』で登場する安倍晴明像こそ、これ以外のエピソードを含めて、生きていた当時の晴明にもっとも近いと断定して間違いないのです。

☆晴明が龍宮城へ行った話

〈神社の祭礼に行くとき、晴明は子供たちが寄ってたかって、一匹の小さな白い蛇をいじめているところに通りかかり、蛇を助けてあげると、その蛇は龍宮《りゅうぐう》の乙姫《おとひめ》だった。

お礼に晴明は龍宮に案内され、石の匣《はこ》を土産にもらい、烏薬《うやく》を耳に塗ってもらって帰ってきた。〉

晴明の龍宮伝説は、複数の神社で伝わっています。

それが伝わっている神社は別の巻で可能なかぎり紹介しますが、場所によっては助けるのは亀で、龍宮で会うのは八大龍王《はちだいりゅうおう》ということになっていたりします。

この伝説がいつのころに起こったのかは定かではありませんが、最初に書物としてまとめられたのは『簠簋抄』だろうといわれています。

これは、奥義書を日本に伝えた安倍晴明がいかに大陰陽師だったのかを幼少期から紹介する内容であると同時に、奥義書が中国から伝わるまでの一大スペクタクルになっています。

この『簠簋抄』は、壱の巻のところでも紹介しましたが、元和《げんな》一年（一六一五年）から寛永《かんえい》六年（一六二九年）にかけてまとめあげられたとされていて、晴明の一生を語った物語の最初の作品とされています。

龍宮伝説以外にも、さまざまな伝説が収録されていますが、それらは別の巻で紹介するとして、この龍宮伝説は、もうひとつの伝説と関連してきます。

☆鳥の会話を理解した話

〈晴明が龍宮から戻ってくると、耳に塗った鳥薬の力で鳥たちの声が聞こえるようになっていました。

なにげなく神社で鳥たちの会話を聞いていると、東の方向と西の方向から烏《からす》が飛んできてなにやら噂話を始めます。

それは京《みやこ》の天皇が重い病に陥っているという話で、一年前に寝殿を造ったときに、鬼門にあたる丑寅《うしとら》の方角にある柱の礎の下で、蛇と蛙が争っているのが原因だと鳥たちは語っていました。

それを聞いた晴明は京に上り、見事に天皇の病気の原因を取り除いて病気を治し、天皇から官位をいただき、天下に名高い陰陽師として知られるようになります。〉

『簠簋抄』では、この後、蘆屋道満《あしやどうまん》が晴明の噂を聞き、播磨国《はりまのくに》からやってきて対決する物語へとつづきますが、それについては七之巻の道満の項でふれるとしましょう。

では、幼年時代のこのエピソードについて検証しましょう。

☆優れた人物に師事した晴明

最初に紹介した鬼の話と、最後の鳥の話は、晴明の能力のすごさだけではなく、「晴明がどうやって陰陽師になったのか」という秘話をもかねています。

しかし、陰陽師になるまでの過程は、それらのふたつの話ではまったく違っています。いったい、どうしてここまで違いがあるのでしょう?

そのヒントは『簠簋抄』にあります。

『簠簋抄』は、陰陽道の権威は安倍晴明にあるという趣旨で、陰陽師・安倍晴明を神格化した書です。

晴明が現われるまでは、陰陽道は賀茂家がすべてを握っていました。

それを晴明が優秀であるからという理由で、天文に関しては賀茂家から晴明の一族がすべて譲りうけ、安倍家（土御門《つちみかど》家）は陰陽道の大家となったのです。

これをそのまま記してしまうと「なんだ、賀茂家が元祖なんだ」と思われてしまい、晴明を神格化するのに、実に都合が悪くなってしまいます。

ですから、故意に晴明が賀茂忠行の弟子であった事実を消し去ったとみるのが正しい読み方なのです。

とすると、烏の声を聞いたあとに京に上って、あれこれするうちに賀茂忠行の弟子となり、晴明が鬼を見るだけの逸材であると知った忠行が、晴明を連れて内裏《だいり》へ行き、天皇の病気を治したと考えたほうが真実に近いのではないでしょうか。

安倍晴明という人間は、能力もさることながら、人間的にも優れた人物を師として持つことができた。

これが晴明の少年時代を表わすにはもっともふさわしい言葉のはずです。

参之巻

不世出の天才陰陽師参上

伝説が語る晴明超常現象の数々

晴明徹底解剖！身体図鑑

☆顔

晴明《せいめい》は、幼いころから鬼を見ることができたくらいですから、感受性が豊かで、また、細やかな神経の持ち主であったと考えて間違いありません。

そんな晴明の瞳は、森羅万象《しんらばんしょう》に隠された真実を射抜く、切れ長の涼しいまなざし。

それから、少し神経質そうな眉と、対照的に冷静に閉じられた唇の持ち主なのです。

そして、厳しい修行にひきしまった顔は、どんなときにも表情を変えることなく、わずかに眉の動きだけが表情を伝える。

晴明の顔は、何か人を寄せつけない雰囲気があったに違いありません。

容貌涼やかなるか？
はたまた醜男か！

☆身体

少し背は高く、そして全体にほっそりとした、中性的な雰囲気を漂わせた身体。そんな晴明ですが、彼は那智《なち》の滝に千日も打たれるような厳しい修行をも行なっているのです。ただの優男《やさおとこ》ではありません。ひとたび服を脱ぐと、そこから現われる肉体は美しいばかりに鍛えあげられていたはずです。

精神的にも体力的にも、強くあることが陰陽師《おんみょうじ》に必要な条件なのです。見る人が見れば、晴明の身体は、弓のようにどことなくしなやかな外見に見えたのではないでしょうか。

☆身体的特徴

天文博士《てんもんのはかせ》の晴明は、夜になると陰陽寮《おんみょうりょう》の天文台に上がり、明け方まで星の運行を観察し、占いを立てていました。

そしてまた夜は、京《みやこ》が怨霊や鬼におびやかされる時間でもありました。

そうなると、やはり晴明の出番となりますから、おのずと晴明の活動は昼よりも夜が中心になりがちです。

そんなことから、晴明は普通の人が太陽の光を浴びて生活しているのとは逆に、月明かりの下で毎日を送っていたと考えられます。

となると、肌は、当時の人たちのなかでも色白だったとも考えられます。

晴明が白狐《びゃっこ》の子という噂に真実味を与えたのは、晴明が太陽の光に日焼けをすることなく、当時の人とくらべてあまりに色白だったからかもしれません。

☆知力

陰陽師としての厳しい修行は、晴明の視覚、聴覚、嗅覚などの五感を研ぎ澄まされたものにしたに違いありません。

そして、この世の常ならぬ物を見抜くには、これらの五感をフルに使い、一瞬にして物の本質を見抜く鋭い判断力なしには不可能です。

その判断に際して必要になるのは、占術や呪術、怨霊や鬼などへの広範な知識です。

これだけでも、晴明が知力に優れていたことがわかると思います。

また、占術は実に複雑な計算式を用います。

それを考えると、晴明は計数能力にも優れていて、当時の人間には想像もつかない複雑な計算も、暗算で簡単にやってのけたに違いありません。

☆体力

晴明は、陰陽師として何日も眠らずに加持祈祷《かじきとう》を行なうことも珍しくありません。天土《てんど》の祓《はら》いなどは、一日に六十四回行なわれる祓いの儀式です。その体力の消耗ははなはだしいものです。

また、呪詛《じゅそ》をかけられた相手を一晩じゅう加持祈祷した話も伝わっていますし、怨霊の調伏《ちょうふく》のためには一週間や二週間も眠らずにつづけることも珍しくはありません。

そして、体力が尽きるということは陰陽師が怨霊に敗れ、死ぬことを意味するのです。

菅原道真《すがわらのみちざね》などの強力な怨霊たちを相手にして、たったひとりで京を守った晴明、そして人生五十年とまでいわれた平安時代に、八十五歳まで健康を保つことができた晴明です。誰よりも強靭《きょうじん》な体力の持ち主だったに違いありません。

式神を飛ばし
怨霊を封じた奇跡の秘法

☆古典に残る晴明秘蹟の数々

晴明が何歳で陰陽師になったのかは、記録にはありませんが、陰陽師として発揮した力の数々は『今昔《こんじやく》物語《ものがたり》集《しゅう》』や『宇治《うじ》拾遺《しゅうい》物語《ものがたり》』、『古今《ここん》著聞《ちょもん》集《じゅう》』や公卿たちの日記にも残されています。

では、大陰陽師とまで呼ばれた安倍晴明の秘術とは、いったいどのようなものだったのでしょうか？

陰陽師としての晴明に隠された謎を、代表的な八つのエピソードを通じて検証します。

☆花山天皇の前世を見抜いた

晴明には、人の前世を見通す眼力があったようです。まずは、その代表的エピソード、『古事談』巻六ノ六四、花山《かざん》天皇の前世を見抜いた話を紹介しましょう。

●花山院の前世を見抜き、病気の原因を語ったこと

〈安倍晴明という者は、出家の身ではないながらも那智に千日篭《こも》った行人で、毎日二時間滝に打たれていました。前世は吉野山の聖地の行人であったともいわれています。花山院が、まだ天皇の位にあったとき、頭痛の病気にかかっていました。雨がちなときなど、特に激しい頭痛に襲われ、どうにもならない苦しみでしたが、どんな治療も効果がなかったそうです。

晴明が申し上げるには、

「天皇の前世は尊い行者で吉野の某宿で入滅されました。前世の行徳《ぎょうとく》で天子として生まれてまいりましたが、前世の身体の骸骨《がいこつ》が岩のはざまに落ち挾《はさ》まってしまいましたので、雨ともなると岩が水を含んで膨らみ、骸骨を圧迫し、現世の痛みとなっているのです。

ですから病気として治療することは誰もできません。前世の首を取り出して、広い場所に置かれましたらかならずお治りになります」

これこれしかじかの場所にある谷底ですと晴明が教えますので、天皇が人を遣わしてその場所を見ましたところ、晴明のいったとおりでした。そして、首を取り出されてからは、天皇の頭が痛むことはなくなったそうです〉(『古事談』巻六ノ六四)

まず、このエピソードの時期ですが、実は花山天皇の在位期間は二年しかないのです。ですから、その二年間のどこかということになるのです。

第六十五代天皇の花山天皇は、寛和《かんな》元年(九八五年)四月下旬に十七歳で即位して、寛和二年(九八六年)の六月二十三日まで在位していますから、晴明が六十五か六十六歳のころのエピソードであることがわかります。

花山天皇は退位し、花山法皇となってから那智に篭りますが、それには晴明が言い当てた御自身の前世のことがあったのかもしれません。

さて、晴明は頭痛で呼ばれましたが、天皇や貴族が病気になるたびに晴明は呼ばれていたことが記録に残っています。

寛和元年(九八五年)には藤原実資《ふじわらのさねすけ》の室のお産がうまくいかない、永延《えいえん》二年(九八八年）には藤原実資の子供の病気、翌年には一条天皇の病気などですが、どうして晴明は病気のために呼ばれていたのでしょうか？

これは、当時、病気は疫神《えきじん》のせいだといわれていたからです。疫神には、神気・鬼気・霊気の三つのタイプがあり、まず病気になったら、その三つのどれなのかを占いで明らかにします。そして、それぞれの対処方に従って、陰陽師が鬼を祓ったり、密教僧が加持祈祷をするのです。

優れた陰陽師が召されるのには、まず占術によって病気の原因をはっきりさせるのと、それに対しての処方を明らかにするためなのです。

花山天皇の頭痛もまた、占術によって晴明が霊気と割り出し、そして、その霊が怨霊とは違っているということから、前世の霊であると結論づけたのでしょう。そして、天皇の生まれたときの星回りを計算し、それによって天皇の前世を割り出したのだと思います。

また、この前世の割り出しには、陰陽道とは別な方法での可能性もあります。

そのヒントは、陰陽師の晴明が、那智で千日もの修行をしたことにあります。

実は、那智という地名にヒントが隠されています。那智とは熊野《くまの》三山のひとつなのです。

三山とは、紀伊国《きいのくに》熊野、いまでいう和歌山県に位置していて、熊野本宮《ほんぐう》大社・熊野速玉《はやたま》大社・熊野那智大社の三つのことです。このうち晴明が行をした熊野那智大社は、那智の大滝が飛瀧《ひりょう》権現《ごんげん》と呼ばれる御神体で、滝に打たれて修行します。

那智は修験者たちや、比叡山《ひえいざん》で密教の奥義を知る円珍《えんちん》（智証大師《ちしょうだいし》）や浄蔵《じょうぞう》高僧が修行した場所でもあります。

円珍は延暦寺第五代座主で、仁寿《にんじゅ》三年（八五三年）に唐に渡り、天台宗の奥義を五年間学び、経典を千部持って帰国し、後には天台宗と密教の融合を説いた高僧ですし、浄蔵は三善清行《みよしきよゆき》の八男ですが、比叡山で修行し、法力によって死者を甦らせることができたとされる法力者です。

このことから考えると、晴明の千日間の修行とは修験道や密教の修行だったのではないかと想像できます。

とすると、晴明が花山天皇の頭痛の原因を知ったのに、熊野修行で得た神通力が関係していた可能性が出てきます。

というのも、この熊野の地は、古くから死者の国など、異界への入り口とされ、神や死者の霊がこもっている場所として伝えられてきた場所だからです。

では、晴明はいつごろ、那智で修行したのでしょうか。さすがに、それを探る手がかりは見つかりませんが、晴明は単なる陰陽師ではなく、修験道と密教をも会得したオールマイティーな呪術師であったのでしょう。

☆式神という鬼を自在に操った

晴明は式神《しきがみ》を手足のように使うことができたというのは有名な話です。

『今昔物語集』巻二十四第十六と『宇治拾遺物語』巻第十一ノ三付には、僧に式神を見せてくれといわれたエピソードが伝わっています。

ふたつともおなじ内容ですので『宇治拾遺物語』のほうを紹介します。

●晴明が蛙を殺すこと

〈晴明が広沢僧正《ひろさわそうじょう》の御坊に伺って何かの用事を承っていたとき、若い僧たちが「式神をあなたはお使いになるそうですが、たちまち人を殺せるのですか」というので、「たやすくは殺せません。力を入れれば殺せます」といいました。

「ですので、虫などは力を入れなくともかならず殺せます。しかしながら、生き返らせ方を知らないので、殺生の罪を犯すことになりますから、そのようなことはするべきではありませんな」といっていると、庭に蛙が出てきて、五、六匹ほど飛び跳ねて池のほうに行くのを僧たちが見て、「あれをひとつ、それでは殺して下さい。試してみて下さい」といいます。

「罪つくりなお坊さんですな。しかし、私を試そうとおっしゃるのでしたら、殺してお見せしましょう」

そういって、草の葉を摘み切って、何かを唱えるようにして蛙に投げてやりますと、その草の葉が蛙の上にかかった瞬間、蛙はぺちゃんこに潰れて死んでしまいました。これを見て僧たちは顔色が変わり、あまりの恐ろしさにぞっとしてしまいました。

家のなかに人のいないときは、晴明はこの式神を使っていたのか、人もいないのに格子戸を上げ下ろししたり、門を閉めたりしていたそうです。〉（『宇治拾遺物語』巻第十一ノ三付）

晴明が十二《じゅうに》神将《しんしょう》という鬼神《きじん》を操ることができたのは有名な話です。

一般的には十二神将は薬師経を唱えることで現われる薬師如来の使い、頭が十二支の獣で体が人の姿の薬叉《やくさ》大将（それぞれ七千の軍団を率います）のことをいいますが、晴明の使っていた十二神将は、これとは違うようです。

晴明の使う十二神将は陰陽道の占術にある十二天将、青竜《せいりゅう》・勾陳《こうちん》・六合《りくごう》・朱雀《すざく》・

す。騰蛇《とうだ》・貴人《きじん》・天后《てんこう》・大陰《だいおう》・玄武《げんぶ》・大裳《たいもう》・白虎《びゃっこ》・天空《てんくう》で、これらの現わすのは天の力で

晴明は天文博士でもありましたから、天の力を式神として操ることができたのかもしれません。もしくは、自分の使う十二体の式神に、天を現わす名前をつけていたとも考えられます。

いずれにしても、晴明は数多くの異界の神（鬼）を呼び出しては、自由に使うことができたのです。

晴明の使う式神には三種類あったと考えられています。

ひとつは陰陽道の十二神将や、生物や植物の精霊の力を借りた式神。

もうひとつが、人形の紙や木片、また呪符に念を込めてつくりだす式神。

さらに、那智での修験道や密教修行によって得た式神、護法童子《ごほうどうじ》。

このエピソードで蛙を殺した式神は、葉っぱを使ったことから、どうやら植物の精を使って行なったと考えられます。

また、ここでは格子戸の上げ下げに式神を使っていたとありますが、晴明の家には、あまたの式神がいて、来客にお茶を入れたり、酒の支度をしたり、果ては掃除や洗濯までやっていたというのは有名な話です。十二神将も家にいたのでしょう。

ところが、ある時期から晴明は家の近くの一条戻橋《いちじょうもどりばし》の下に、十二神将を隠すようになります。

伝えるところによると、晴明と結婚した妻が家に式神がいるのを恐がったからです。その後、晴明は式神を使うときは、橋に向かって手を打って呼び出していたようです。しばらくすると京の人びとのあいだで、一条戻橋の上に立って、心のなかで願をかけると、晴明の式神が、橋の上を歩く人間の口を借りてお告げを与えるという噂が流れ、いつしか一条戻橋は占いの名所となりました。

となると気になるのは、いつから一条戻橋に式神が住みつくようになったのかです。残念ながら、晴明が結婚した年は伝わっていませんから、長男・吉平《よしひら》が生まれた年から推測しましょう。

天暦《てんりゃく》八年（九五四年）に吉平が生まれていますから、もしこれが最初の子であるのなら、晴明の結婚は天暦六〜七年ぐらいと考えていいですから、一条戻橋に晴明が十二神将を隠したのは晴明が三十三〜四歳ぐらいの時期となります。

一条戻橋は天暦六年（九五二年）ぐらいから占いの名所として、少しずつ広がっていったと考えられます。

晴明が訪れた広沢僧正ですが、名前は寛朝《かんちょう》。宇多上皇《うだじょうこう》の孫にして、敦実親王《あつざねしんのう》と藤原時平《ときひら》の娘の子で延喜《えんぎ》元年（九〇一年）に広沢池の近くに遍照寺《へんしょうじ》を建てて住んだことから広沢大僧正と呼ばれていました。

広沢僧正は真言宗の僧で、東密《とうみつ》と呼ばれた密教のなかでも孔雀王経《くじゃくおうきょう》を尊び、その流れは広沢流という一大流派に広がりました。

広沢流は、すべての人間が持っている善なる心を育成する救邪苦経法を修め、天変地異や病気などのすべての災いを取り除く秘法を修得するのが修行の最大の目的です。

ですから、晴明が「罪つくりなお坊さんですな」といったのは、単に蛙の命だけではなく、この世のすべての災いを取り除く修行をしている僧が、そんなことを望むということへの皮肉ということになります。

余談ですが、源博雅《みなもとのひろまさ》が和琴を習ったのは広沢僧正の父・敦実親王で、また、博雅も広沢僧正も母親は藤原の時平の娘で、祖父が時平であるということで親戚の関係にあるのです。

☆人の操る式神を隠す力があった

式神を隠すとは、具体的にどういう力だったのでしょうか？

晴明が式神を隠したとされる京都の一条戻橋は冥界の入り口ともいわれ、昔から奇怪な伝説が多いことで有名。写真は晴明神社の境内にある、先代の橋で使われていた欄干の親柱。

『今昔物語集』巻二十四第十六と『宇治拾遺物語』巻第十一ノ三で紹介されていますので、『宇治拾遺物語』のほうから紹介します。

●晴明を試そうとした僧のこと

〈昔、晴明の土御門《つちみかど》の家に老いぼれた僧がやってきました。十歳ほどの童子を連れておりました。

晴明が「どういうお方でいらっしゃいますか」と聞くと、「播磨国《はりまのくに》の者でございます。陰陽師の術を習いたく思います。あなた様が陰陽道にことのほか優れていらっしゃるとお聞きいたしまして、ぜひともお習いしたいと思いまして参りました」といいます。

晴明は「この法師は知恵のある賢い者に違いない。私のことを試そうと来たのであろうな。そういう者に見くびられるようではまずいだろうな。では、この法師を少しからかってやるとするか。どうやらお供の童子は式神のようだ」と思い、「もし式神ならば召し隠せ」と心のなかで念じて、袖の内側で印を結んで密かに呪文を唱えました。

そして法師には「今日はお帰りください。後日、日取りの良いときを選んで、習いたいとおっしゃることはお教えしましょう」といいましたので、法師は「ああ、ありがたいことです」と、手をすって額にあてて走り去って行きました。

もう帰っただろうと思っていると、法師は立ち止まり、あたり近くや牛車小屋などをのぞき歩きして、また晴明のもとに戻ってきていいます。

「私のお供の童子がふたりともいなくなってしまいました。それを返してもらってから帰りたいのですが」

その言葉を聞いて晴明が、「あなたも不思議なことをおっしゃるお坊さんですな。晴明は、どんな理由があって人のお供の者を取ったりしなくてはいけないのですかな」というと、法師は「いや、その、あなた様のおっしゃるとおりなのですが、その、ともかくお許しください」と詫びました。

すると晴明は、「よろしいでしょう。あなたが私を試そうとして式神を使ってきたのが気にさわったから、このようなことをしたのです。他の陰陽師相手ならともかく、この晴明にこのようなことはしてはいけません」といって、呪文を唱えるようにしてしばらくたつと、外のほうから童子がふたりそろって走ってきて、法師の前に立ちました。

そのとき、法師は「たしかにあなたの力をお試ししました。式神を使うことは簡単なことです。しかし、人の使う式神を隠すことは、まったくもって不可能なことです。

これからは、とにかく弟子としてあなたにお仕えします」といって、懐から自分の名札を出して晴明に渡したそうです。〉(『宇治拾遺物語』巻第十一ノ三)

晴明がいかに陰陽道を極めていたかがわかるエピソードです。

どうやら、式神を隠す術というのは陰陽道でも秘伝中の秘伝で、おそらくは晴明だけが知っていた術なのでしょう。

これだけの便利な術を使えるのであれば、相手が式神を使って呪詛《じゅそ》をかけてきたときにも使えるのではないかと思いますが、そういったエピソードは伝わっていません。

式神が呪詛で放たれた場合には、晴明は相手の呪詛を破って式神を返しています。

この術は、どんな条件でも式神を隠せる万能な術ではないようです。それを考えると、人の命を奪おうとする呪詛の術はいかに強い力を持っているのかがわかります。

さて、このエピソードだけを見ると、なんともたわいもない老法師ですが、実は、この法師の名前は智徳《ちとく》といって、播磨国ではちょっとした陰陽師なのです。

それは、『今昔物語集』巻第二十四第十九を読むとわかります。紹介します。

●播磨国の陰陽師、智徳法師のこと

〈今は昔、播磨国に陰陽師をする法師がいました。名前を智徳といいました。ずっと播磨国に住み、陰陽道に携わっていましたが、智徳はただならぬ力を持っている陰陽師でした。

あるとき、京に向かう船がたくさんの荷物を積んで明石沖に来たとき、海賊がやってきて船の荷物をすべて奪い、数人を殺して去っていきました。なんとか船主と使用人が一人か二人、海に飛びこんで命は助かり、陸に上がって泣いておりますところに、かの智徳法師が杖を突きながら現われて、「これは、どこの人が泣いているのです」と尋ねました。

船主は「国から京へ向かっていましたが、この沖で昨日海賊に遭遇して、船荷をすべて盗られ、人も殺されて九死に一生を得たところなのです」というので、「実にお気の毒な事ですな。では、そいつらを捕え、ここに引き寄せてやりましょうか」と智徳はいいます。

何を口からでまかせにと船主は思いましたが、「もし、そうしていただけるのなら、どれほど嬉しいものか」と泣きながら答えます。そして智徳が「昨日のいつのことだ」と聞くので、船主は「しかじかの時間です」と答えました。

智徳は小船に乗って船主を連れ、その沖に出て、船主のいった沖合に船を浮かべて、海の上に何か書き、呪文を唱え、そして陸に戻り、まるで目の前にいる者を捕えるようにすると、その道の人を雇って四、五日海を見張らせました。

　すると、船荷を盗られてから七日めの何時かに、どこからともなく漂流する船が現われました。

　漕ぎ寄せてみると、船には武器を持った人間がたくさん乗っていて、いずれも何かにひどく酔ったようになって、逃げもしないでいました。なんとまぁ、あのときの海賊ではありませんか。盗られた荷はそのままだったので、船主の指示にしたがって皆、乗ってきた船に移し、船主に返しました。

　海賊たちは、あたりに住む者たちが捕えようとしましたが、智徳が頼んで身柄を貰い受け、海賊どもに対して、

「今後は、このようなことをしてはならん。本当ならば殺してしまうところだが、それも罪深いことだから、今回は助けよう。この国には、こんな老法師がいることを覚えておくのだな」

　といって追い払いました。そして、船主のほうはありがたがって出港していきました。これも、ひとえに智徳が陰陽道の術を使って、海賊を引き寄せたからです。

　ですから、智徳は実に怖い奴だったのですが、晴明に会ったときは自分の式神を隠されてしまいました。けれども、そのことは智徳がその術を知らなかっただけで、別

に陰陽師として劣っていたのではありません。

こういった者が播磨国にいたと伝えられているそうです。〉（『今昔物語集』巻第二十四第十九）

エピソードの最後のほうで、実は智徳法師こそが、晴明に式神を隠された陰陽師であることがわかります。

晴明とのエピソードを見るかぎりでは、智徳は品の悪いゴロツキのような陰陽師にも思えますが、こうして海賊を退治するようすは、なかなか立派な徳のある陰陽師にも見受けられます。実力もなかなかのものです。

この智徳でさえ晴明の前では、ただのゴロツキ程度にしか見えなくなってしまうのですから、晴明がいかに陰陽師として優れていたかがうかがえます。

☆花山天皇の譲位を予知できた

これも花山天皇にまつわるエピソードですが、晴明には前世を見抜くだけではなく、未来をも予知する力があったと『大鏡《おおかがみ》』は伝えています。

●安倍晴明、式神を使う

〈このように土御門通りを東のほうに道兼《みちかね》が花山天皇をお連れ出し申しあげたとき、安倍晴明の家の前をお通りすぎになりました。

するとき晴明の家から晴明自身の声で、手を何度も強くたたきながら、「天皇がご退位されるようだ。天にはその兆候が現われているが、もはや事は決まってしまったようだ。すぐに内裏《だいり》に参って奏上しよう。牛車と着替えの用意をしなさい」という声を天皇はお聞きになりました。

いかに覚悟のうえとはいえ、なんとも感慨無量だったことでしょう。

晴明が、「とりあえず、式神ひとり、内裏に行くのだ」というと、目には見えないものが家の戸を押し開けて、お通りする天皇の後ろ姿を見たのでしょう。

「ただいま、天皇がここをお通りになりました」と答えたそうです。

晴明の家は土御門町口でしたから、そのときに天皇がお通りした道だったのです。〉

(『大鏡』)

このエピソードは花山天皇が自ら天皇位を退位することを決意し、藤原道兼に連れられて誰にも知られず、こっそりと内裏を抜け出し、出家するために花山寺に向かう話です。そして、その途中で晴明の家の前を通りかかったとき、晴明の陰陽師としてのすごさを花山天皇が改めて感じたというわけです。

『大鏡《おおかがみ》』には、寛和二年（九八六年）の六月二十二日の夜のことと記述があります。

この翌日に正式に花山天皇の退位が決定します。このとき、晴明は六十六歳です。

晴明は天文得業生《てんもんとくごうしょう》から天文博士となり、そしてまた陰陽道の大家、賀茂《かも》家から天文道の奥義のすべてを譲り受け、このころは天文道の大家と呼ばれていました。

陰陽寮に所属する宮中の陰陽師たちは、天皇や国家に吉凶の兆しを見つけては報告し、ひとたび凶事の兆候あらば、それを未然に防ぐための手だてを打つのが仕事です。

まず、このエピソードから、晴明は毎晩のように天体を観測し、星の動きを常に占っていたことがわかります。

その方法については、五之巻で説明しますが、晴明の予知の精度が実に高かったことがわかります。

それから、晴明の使う式神についての記述がありますが、結婚してからの晴明は、妻が式神の姿を恐れたため、十二神将を一条戻橋の下に隠したはずです。

しかし、「とりあえず、式神ひとり、内裏に行くのだ」という言葉が本当なら、晴明の家には複数の式神が常にいたことになります。

どうやら、晴明は人の目に見えない式神だけを家に置いていたようです。

いや、たまたま、このエピソードでは目に見えない式神が登場します。ことによると、人間の姿に化身させた式神を、表向きは弟子として屋敷に置いたり、動物の姿をした式神を屋敷の庭に放っていたのかもしれません。その意味では、晴明の使う式神のバリエーションが、いかに豊富であったかを感じさせるエピソードともいえます。

このとき出家した花山天皇が法皇となったあとも、何かと晴明を頼りにするようになったのも、前世だけではなく自分の未来すら予知した晴明の陰陽師としてのすごさに感じ入ったからなのでしょう。

そして、表の歴史では花山天皇の出家と退位は、藤原兼家《かねいえ》が自分の娘・詮子《せんし》の生んだ子を一条天皇として即位させるために、子の道兼と共謀したといわれていますが、藤原伊尹《これまさ》を呪った藤原朝成《あさひら》の怨霊が、母親が伊尹の娘懐子《かいし》であることから花山天皇を崇《たた》ったともいわれています。

☆呪詛を簡単に見破った

晴明は陰陽師として術に優れていただけではなく、術を見破る力にも優れていたことが『宇治拾遺物語』巻第十四ノ十に記されています。これはまた、藤原道長《みちなが》と晴明の関係がわかるエピソードでもあります。

●関白藤原道長公の犬と晴明の奇特のこと

〈今は昔。関白藤原道長公は、法成寺《ほうじょうじ》をお建てになってからは、毎日御堂においでになりましたが、白い犬をかわいがって飼っていらっしゃったので、犬はいつも公から離れずにお供をしていました。

ある日、いつものように犬はお供をしていましたが、道長公が門を入ろうとされると、御前にふさがるように吠えまわって、なかにお入れすまいとします。

「どうしたというのだ」と牛車から降りて門を入ろうとすると、御衣のすそをくわえて、お引きとどめ申そうとしますので、「これは何かわけがあるのだろう」と踏台を召し寄せて坐り、晴明に「すぐに参れ」と使者を遣わすと、晴明はすぐにやってきました。

「こういうことがあったが、どうか？」とお尋ねになりますと、晴明は少しのあいだ、占ってから、「これは道長公を呪い申しあげる物を道に埋めてあります。もし、それをお越しになられますと、不吉なことになったでしょう。犬は神通力のあるものですから、それをお告げ申しあげたのです」といいました。

「では、それはどこに埋めてある。見つけ出せ」と公がおっしゃるので、晴明は「簡単なことです」と申しあげ、しばらく占うと「ここにございます」と申しあげます。さっそくその場所を掘らせてみますと、土を五尺ばかり掘ったところで、晴明の申したように物が出てきました。

土器をふたつ合わせて、黄色のこよりで十文字に絡めています。開いてみると、なかには何もありません。朱砂《しゅしゃ》で一文字を土器の底に書いているだけです。

「晴明以外にこの術は知っている者はいないはず。もしかすると蘆屋道満《あしやどうまん》の仕業かもしれません。道満を問いただしてみましょう」といって、懐から紙を取り出して、鳥の姿にひき結んで、呪文を唱えかけて空へ投げあげますと、たちまち白鷺《しらさぎ》になって南をさして飛んでいきました。

「この鳥の落ち着く場所を見てまいれ」と、晴明が部下を走らせると、六条坊門《ろくじょうぼうもん》万里小路《までのこうじ》のあたりの古い家の両開きの扉のなかに落ちていきました。すなわち、その家の主は老法師でしたので、縛りあげて連れてきました。

道長公が呪詛の理由を聞かれると、「堀河左大臣顕光《あきみつ》公に頼まれて呪詛をかけました」といいました。「本来ならば流罪にすべきところだが、顕光に強要でもされたのだろう。道満の罪ではない。今後、このようなことをしてはならんぞ」と、生まれた国の播磨に追放されました。

この顕光公は死後に怨霊となって、関白道長公のまわりに祟りをなされました。悪霊左府と呼ばれたそうです。

こんなこともあって、道長公はその犬をいよいよ大切にかわいがられたそうです。〉

(『宇治拾遺物語』巻第十四ノ十)

晴明についてお話しする前に、このお話にあるおかしな点に触れたいと思います。

顕光が道長を呪詛するようになるのは、道長の娘・彰子《しょうし》が天皇のもとへ入り、中宮なってからのことです。顕光の娘・延子《えんし》も天皇のもとに入っていて、先に男の子を生んだほうが天皇の外戚として権力を手にすることができたからです。

彰子が中宮となったのが寛弘《かんこう》三年(一〇〇六年)ですから、このころから呪詛を始めたと思って間違いありません。

その後、道長の策謀の前に、顕光の娘は天皇の前から遠ざけられ、彰子がふたりの男子を生み、寛仁《かんにん》二年(一〇一八年)年三月には、天皇となった道長の孫のもとに、道長の娘が嫁いで皇后となり、天下は道長の掌中に落ちてしまいます。

呪詛が道長のいうように顕光の仕業なら、寛弘三年から顕光の没する治安《じあん》元年の二十一年間のどこかでだと推測できます。

そして、道長に呼ばれた晴明は延喜二十一年（九二一年）生まれで、ある説では長和四年（一〇一五年）に没していますから、顕光の呪詛であるなら、この事件は寛弘三年から長和《ちょうわ》四年（一〇一五年）の五年あまりのあいだに起こったとなります。

ところが、冒頭で法成寺という名前が出てきますが、中河の御堂と呼ばれる阿弥陀《あみだ》堂《どう》（無量寿院《むりょうじゅいん》）が落成したのが寛仁四年（一〇二〇年）三月ごろ、金堂と五大堂が完成するのが治安二年（一〇二二年）七月です。

おそらく道長は工事の視察を兼ねていたので、毎日、阿弥陀堂に通っていたと考えられますが、このころ、晴明はすでにこの世の人ではないのです。

つまり、いまに伝わる『宇治拾遺物語』のこのエピソードは、このとおりだとしたら、まったくありえないことになってしまいます。

では、このエピソードは間違っているのでしょうか？　いえ、エピソード自体は間違っていないのでしょう。法成寺に白い犬を連れていったのも本当のことなのでしょう。顕光の呪詛も、晴明が破ったのも本当のことだと思います。

かなり大胆な推理になりますが、『宇治拾遺物語』が説話文学であるという点に、この矛盾を解く鍵があるのではないかと考えます。

説話文学とは、ちまたに伝わっている噂話や有名な事件、有名人が語っていた話などをまとめたもので、一種の聞き書き集です。

人から人へ、口伝えで広がっていった話である以上、ある程度の聞き間違いや写し間違いが起きるのは当然のことで、『今昔物語集』などにも、同様の勘違いはときどきあります。

まず、その間違いの可能性について、原文の一部を引用して検証します。

〈今は昔。御堂関白殿、法成寺を建立し給ひて後は、日ごとに御堂へ参らせ給ひけるに、白き犬を愛してなん飼はせ給ひければ、いつも御身を離れず御供しけり。ある日例のごとく御供しけるが、門を入らんとし給へば、この犬御さきに塞がるようにまはりて……〉（『今昔物語集』）

考えられるのは、この原文の「御供しけり」と「ある日例のごとく」のあいだが抜けて伝わっているということです。

本に記されたときか、それ以前に伝わっていた元の話には、このあいだをつなぐ話があると仮定すると、

〈白い犬をかわいがって飼っていらっしゃったので、犬はいつも公から離れずにお供をしていました。（しかし、道長公が白い犬を可愛がるのには大変な理由があるのです。だ

いぶ以前から道長公は白い犬を飼っておられまして、）ある日、いつものように犬はお供をしていましたが、道長公が門を入ろうとされると、御前にふさがるように……〉

文と文のあいだを（）内の意味の文でつなぐと、頭の文章は、関白道長公はどうしてまぁ、そんなに白い犬を可愛がっているものか、不思議だ、と都の人びとが噂しあっている事実の紹介で、あとの文章はその理由の説明として生きてくるのです。

門は寺にも、道長の屋敷にもありますし、以後の文章に、法成寺に関する語句は出てきませんので、無謀な試みではありますが、このエピソードは寛弘三年から長和《ちょうわ》四年のあいだの出来事といたします。

あくまで、こういう前提で晴明について考えていきたいと思います。

晴明は土器を調べながら、自分のほかに知る者がいないはずの術が使われているといいますが、このことから以下のふたつのどちらかが想像できると思います。

ひとつは、自分と並ぶだけの陰陽師がいるとは晴明が思っていなかったこと。つまり、（自分でいうぐらいだから）誰の目にも明らかなほど、数多くの陰陽師のなかで、晴明は図抜けた力の持ち主であったということ。

もうひとつは、この術は晴明の流派の術であるが、弟子といえども伝授はしていないはずだと晴明が思ったこと。

どちらにしても、道長公を呪詛した術が秘術中の秘術であり、八十歳を越した晴明は、日本最強の陰陽師であったことを伝えるエピソードに違いありません。

ここで名前の出てくる蘆屋道満ですが、晴明に陰陽師としてどちらが上かと勝負を挑んで敗れ、弟子となったともいわれています。

その人物像については七之巻で改めて述べますが、先のふたつから道満が、晴明に次ぐ実力の持ち主であったことと、晴明の門下にいたか、晴明の術を研究するかして、秘術を自分のものにしていたこともわかります。

また、このエピソードからは、呪詛についてもいくつかのことがわかります。呪詛の呪文が解析できれば、相手の術者をつきとめることが可能なこと。

それから、式神を使って呪詛をかけた場合、術が破られると式神返しといって、術をかけた人間に式神が戻ってきて、術者が命を落とすのですが、相手が術にかからなければ式神返しは起こらないらしいことです。

式神というと、晴明が紙でつくった鳥もまた式神です。晴明は常に懐《ふところ》に何枚もの紙を忍ばせていて、必要なときには目的に応じて鳥や動物、人間の形をした式神をつくり、自在に操ることができたのです。

ところで、天皇や朝廷の要職にある者に呪詛を行なった場合、国家反逆の罪で死罪になってもおかしくはないのに道長が許したのはどうしてなのでしょう？

道満ほどの術者ですから、死んで怨霊になったときの祟りが恐ろしかったのか、それとも道満が、かつて晴明の弟子であったと聞いていたからなのか、道満を許すことで恩を売っておいたのか？　三つとも、あてはまりそうです。

つまり、貴族にとって陰陽師とは、味方にするには頼もしく、敵にするには、この上もない恐ろしい存在だったということです。

☆人の感覚を操ることができた

『北条九代記』巻第二ノ十五には、安倍晴明が、算術を使って人の感情を操った話が伝えられています。

●安倍晴明の算術

〈昔、安倍晴明は天文博士として算術に優れていました。あるとき宮中に参りましたが、庚申《こうしん》の夜ですから、若い殿上人がたくさん集まって夜明かしのために遊びました。

そして晴明が召し出されると、天皇は「何か変わったことをしてみせよ」とおっしゃいます。晴明が「それでは、今宵の興を盛り上げる意味で、算術を使ってみなさ

晴明の天文観測の地に建つ、安倍文殊院境内の安倍晴明堂
(安倍文殊院)

まを笑わせてあげましょう。笑いすぎても絶対に後悔されませんね」と申し上げると、「算術で人を笑わせるなど、そのようなこと、逆立ちしてもできるはずなかろう。もし失敗したなら、何かふるまい物でも出すのだぞ」とのお言葉です。

晴明は、かしこまりましたと答えて算木《さんぎ》を取り出して、それをみんなの前にササッと置き並べたところ、目には何も映っていないのですが、なんとなくその場の全員がおかしい気分になって、盛んに笑ってしまいます。笑いを止めようとしても、止めることができません。

わけもなく笑いがこみ上げてきて、顎《あご》がはずれるほど大きな声で、お腹をかかえて笑ってしまい、最後にはお腹の筋がよじれて切れてしまいそうなほど笑いころげますが、それでもおかしさは止まりません。

皆、涙を流して、もう勘弁してくれと手を合わせて晴明に頼みこみます。

「では、もう笑うのにも飽きられたようですから、すぐにお止め申し上げましょう」といって算木を取り除いたところ、いままでのおかしさがすっと消え、何事もなかったようになった。

これには、みんな驚いて、感心されたそうです。〉(『北条九代記』巻第二ノ十五)

このエピソードは、鎌倉幕府の時代、将軍頼家《よりいえ》に仕えた算術の達人源性《げんせい》という男が、幕府の仕事で奥州伊達郡《おうしゅうだてぐん》（いまの宮城県）に行った帰りに立ち寄った松島で、天下一の算術師と名乗る僧に算木を使った術で不思議な体験をした話につけ加えられているものです。

源性が「私の算術は安倍晴明以上だ」と慢心しているのを見抜いた松島の僧が、術を使って戒められたことを受けるように、晴明の算木を使った術が紹介されるのです。その一部分を紹介します。

〈翌朝になって、この僧は「わしは天下一の算術師じゃ。木の上のナツメの数を数え、洞窟のなかの水の量を計算することなど、まことに簡単じゃ。竜樹菩薩《りゅうじゅぼさつ》は物を消してしまう術を使ったが、それとて道理を尽くして数えれば本当の数を計算することなど難しくもないわ」と申します。

私（源性）はこれを聞いて、日ごろの奢《おご》り高ぶった気持ちが刺激され、「こんな乱暴な言葉はホラ貝で海を測り、井のなかの蛙が大海を知らないのとおなじ浅はかだ。

まぁ、こいつも遠い田舎に住んで、このへんの連中の無知につけこむろくでなしなんだろう。私の算術に挑んで、これをけなすことができる人間など、この世にいるはずもあるまいて」と、内心でこの僧を軽蔑していましたら、その気持ちが顔に表われたのでしょうか、僧は「いますぐ、私の術をお見せしよう」といい、算木を出して、私の坐っているまわりに、これをぐるっと置きました。

と、どうでしょう。たちまち頭がボーッとなり、目がくらんだかと思うと、一面にたちこめる霧のなかにいるような気分になってしまいました。

気がつくと、どこもかしこも真っ暗な闇ですし、いままでいた場所は完全に大海になっています。坐っていた丸い敷物は大きな岩になっていて、どこからともなく吹く風が私を打ち、荒れ狂う波が私に向かって迫ってきます。

私は何がなんだかわかりません。自分が死んでしまったのか、それとも生きているのか、生死の区別もつきません。

しばらくすると、僧の声がして「おのれの慢心を後悔なされたか」と尋ねます。私はあまりの恐ろしさに、心から「本当に後悔しています」と申しましたところ、すぐに夢から覚めたような気分になりました。窓の外には太陽が光り輝いています。

あまり不思議だったので驚きながらも術の伝授をお願いしたのですが、「仏道に精進していない者には授けられない神術である。改心したのなら、さっさとお帰りなされ」とせきたてますので、三拝して別れて参りました。〉

晴明が殿上人たちを笑わせるとき、算木を取り出して、それをみんなの前にサッと置き並べていますが、この松島の僧もおなじ手順です。松島の僧の術とは、晴明の術の流れにあるのではないでしょうか。

『北条九代記』では、松島の僧の正体は、最後まで何者かはわからないのですが、源性が日ごろから自分の算術が安倍晴明以上だと思っている気持ちが伝わって、それでは安倍晴明が使った算術がどれほどすごいのか、慢心する源性がいかに晴明におよばない、取るに足らない人間なのかを、弟子のひとりとして教えてやったとも考えられます。

鎌倉時代ですから、晴明の弟子ということは考えられません。源頼家は鎌倉幕府の第二代将軍です。晴明が没してから二百年近くたっていることから、五代目の泰親《やすちか》の弟子であったと考えられます。

安倍泰親は寿永《じゅえい》二年（一一八三年）に没するまで、つぎつぎに占いによる予言を的中させた、まさに占術（易道）の達人ですから、晴明の術もすべて受け継ぎ、こと占術に関しては晴明の実力に劣ることはなかったのです。

さて、その算術ですが、言葉のイメージでは加減乗除といった計算術がすべてと思いがちですが、どうやらその裏側には秘術があったことが、松島の僧と晴明のエピソードの両方からうかがえます。

そして、算木は占術（易道）にだけに使うのではなく、呪術の道具にもなることがわかります。

殿上人を笑わせるだけのエピソードは算木を使った術をユーモラスに伝えていますが、松島の僧のエピソードと併せて考えると、実は算木を使った術は、人間の視覚や聴覚、痛覚など、五体の感覚のすべてを自由に支配する恐ろしい術ということがわかります。

☆在原業平の家を災害から封じた

鴨長明《かものちょうめい》が建暦《けんりゃく》元年（一二一一年）ころに書いたとされる『無名抄《むみょうしょう》』という本は、和歌を論じた本ですが、歌人在原業平《ありわらのなりひら》の屋敷についてふれている文章のなかに、安倍晴明の名前が登場します。

●業平の家のこと

〈また、平安時代の六歌仙《ろっかせん》や三十六歌仙の一人に数えられている歌人の在原業平中将の家は三条方面から南のほうで、高倉通りに面した近くにありました。

家の柱などは普通の造りではなく、ちまき柱という円形の細長い柱を使っていて、これはいつの時代の人の仕事なのか、いまの柱とはだいぶ違っている。母屋とひさしの境を渡したなげしという木にしても、どれも丸い感じで、ずいぶんと古い時代からの屋敷に見えました。

平安時代のなかごろに陰陽師安倍晴明が結界《けっかい》を張ったおかげで、火事があっても焼けることなく長いあいだそのままの姿を保っていましたけれども、いまのようなひどい世のなかではありがたい力の効き目もなくしてしまうのでしょう。残念ながら昨年の火事で焼けてしまいました。〉（『無名抄』）

晴明が結界を張って、在原業平の家を災厄から封じたというエピソードです。

この一文だけでは晴明がどのような術を業平の家に施したのかはわかりませんが、おそらくは呪符という陰陽道の呪文や記号を記した護符を晴明が書き、それを業平の家に貼ったのでしょう。

護符というと、神社のお札程度のものを想像するかもしれませんが、強い効力を持つ護符ともなると、五十二種類や七十二種類の呪文が記され、ポスターやタペストリーほどの大きさにもなります。

こういった災厄除けの護符を「鎮宅霊符《ちんたくれいふ》」といいます。晴明が書いたのは、そのなかでも最大の効力を持つ太上神仙鎮宅霊符《たいじょうしんせん》だったのかもしれません。

しかし、ここで問題があります。

業平自体は元慶《がんぎょう》四年（八八〇年）に亡くなっているのです。晴明は、その四十一年後に生まれていますから、晴明が業平の前で結界を張れるはずはありません。

そうなると、業平の子孫の誰かと交友があって、護符を書いたのかもしれません。

入手できた在原氏の系図では、業平の孫の元方《もとかた》まではわかるのですが、そこから先がまったくわかりません。

元方の生没年は伝わっていませんが、晴明が陰陽師となったころには、もう没していると考えられます。

では、その後の業平宅には誰が住んだのでしょう？

もし、業平の縁者が住んでいたとすると、兄の行平《ゆきひら》の娘と清和《せいわ》天皇とのあいだに生まれた貞数《さだかず》親王と包子《ほうし》内親王かもしれませんが、ふたりとも晴明出生以前に没しているのと、記録らしい記録もほとんど残っていません。

誰かはわかりませんが、晴明の親しい人間が百年ほど前に在原業平が建てた家に住むことになり、その人のために護符を書いたというのだけはたしかです。

『無名抄』は建暦元年（一二一一年）に書かれたといわれていますから、単純にそれから考えると、その前後一～二年ということになります。

仮に晴明が三十五歳のときに護符を貼ったとして、百四十五年間焼けなかったことになります。

一口に百四十五年といっても、このあいだの京は、保元《ほうげん》の乱、平治《へいじ》の乱、源義仲《みなもとのよしなか》の入京など、何度も都に火を放たれています。そのたびに業平邸は火災を免れていたわけですから、晴明の護符の効き目がいかに強かったかがわかるはずです。

そして、ついに家は焼けてしまうわけですが、それは単に護符の効力が消えたのではなく、住人の誰かが護符をはがしてしまうなどの人為的な力で、護符の効力がなくなってしまったというのが本当の話なのではないでしょうか？

☆藤原道長の命を眼力で救った

晴明は道長にかけられた呪詛を破り、命を救っただけではありません。一見して、何でもない物に隠された凶事からも道長を守っていたことが『古今著聞集』巻第七ノ術道第九に記されています。

●陰陽師晴明、早生《わせ》の瓜に毒気あるを占うこと

〈関白藤原道長殿が物忌《ものい》みのとき、解脱寺《げだつじ》の観修《かんしゅ》僧正、陰陽師晴明、医師忠明《ただあき》、武士源義家《よしいえ》が共に道長の家に集まっていますと、五月一日、南都より早生の瓜が献上されてまいりましたので、「物忌みの最中に、このような物を食するのはどうであろう」と晴明に占わせると、晴明は占ってひとつの瓜に毒気があるといい、その瓜を取り出しました。

「加持すれば毒気が現われるでしょう」と申しますので、僧正に加持させ、しばらく呪文を唱えていると瓜が動きだしました。

そして忠明に毒気を治すようにとおっしゃいますので、瓜を手にして回しながら二カ所に針を立てました。

すると瓜は動かなくなりました。

道長殿が義家に瓜を割るように仰せになると、刀を抜いて割ってみますと、なかには蛇が入っていました。針は蛇の左右の目を刺していて、義家はなんとなく瓜を割ったつもりが蛇の頭を切っていました。

この道に優れた人の振る舞いとはこのようなものです。実にすごいことです。このことは、どなたの日記にも記されてませんので、あえて申し伝えておくものです。〉

（『無名抄』）

このエピソードにも、年代的な矛盾がひとつあります。武士源義家は長暦《ちょうりゃく》三年（一〇三九年）生まれで、藤原道長はその二十二年前に没しています。

年代的に考えると、道長と深い関係にあった源氏で考えられるのは、源満仲《みつなか》、源頼《より》光《みつ》親子ですが、満仲は永延元年（九八七年）に出家してしまいますから、おそらく子の頼光のことでしょう。

また、頼光そのものは、武道の心得こそあったとしても、あくまでその身分は中級の貴族でした。その意味では頼光を武士というのは適切ではありません。公家に対する武士という言葉も一般的になるのは、道長が没し、貴族政治が衰えはじめてからなのです。

詳しくは七之巻の源博雅の項で紹介しますが、少なくとも、道長の時代の源氏は貴族の一員なのです。

それを除いても、この話は後世の誰かのつくり話っぽい雰囲気が少々あります。要するに、あまりにできすぎているのです。

このエピソードが本当にいいたいのは、

〈陰陽師の占術が凶事を知らせ、僧の祈祷が凶事をつきとめ、医師が凶事を食い止め、武士が凶事の元を絶った。このように、道長のまわりには、ありとあらゆる最高の力が集まったから、その天下は長いあいだつづいたのです。

天下人となる人は、常においても、すべての部門で優秀な人材を自分のもとに集めているものです。

だから、人の上に立とうという者は、常にそのことを考えなくてはいけません。〉

と、いうことに思えてなりません。

それというのも、このエピソードでは陰陽師としての能力が、それまでの説話集とくらべて過小評価されているからです。

それまでの説話集であれば、晴明は占術で瓜の凶事を予知し、呪術でその正体を見極めたうえ、それを祓って蛇の毒を無力にしたはずです。それは、これまで紹介してきた七つのエピソードから明らかです。

ところが、『古今著聞集』では、晴明を単なる占い師としか見ていない。これが、本当に道長の生きている時代のエピソードであるなら、蛇を退治するのは、あくまで陰陽師であるはずです。

にもかかわらず、平安中期には存在しない武士に蛇を退治させているところから、武士が力を持った時代に生まれた人間の価値観でつくられた話ではないかという疑問が浮かぶのです。

晴明の名誉のためにも、そのことについて検証してみましょう。

まず、『古今著聞集』が成立したのは建長《けんちょう》六年（一二五四年）。

どういう時代であったかというと、建久《けんきゅう》三年（一一九二年）に源頼朝が開いた鎌倉幕府が政治の実権を握り、京の貴族がどんどん力を失い、公家に代わって武士が天下を動かした時代です。

さらに、承久《じょうきゅう》三年（一二二一年）には、頼朝の血が絶えた後の鎌倉幕府を支配する北条一族と、かつての天皇中心の政治を復活させようとする後鳥羽《ごとば》上皇とのあいだで戦争が起きます。

後鳥羽上皇は西国の武士、僧兵などを味方につけて北条を潰そうとしますが、北条氏の支配する武士団の兵力は圧倒的で、後鳥羽《ごとば》・土御門《つちみかど》・順徳《じゅんとく》上皇は流刑となり、仲恭《ちゅうきょう》天皇は廃位、そして幕府は京をも支配下に置き、事実上の日本の支配者となるのです。

そして、それから三十年あまりがたって『古今著聞集』が成立した年には、貴族階級は完全に武士の前に否定され、没落してしまっているのです。

『古今著聞集』の編者は従五位下の下級貴族だった橘成季《たちばなのなりすえ》ですが、彼は武士に押されてどんどん貴族が没落していくなかで、これを編んでいるのです。

これに対して、『今昔物語集』が成立したのは保安元年（一一二〇年）。保元・平治の乱の三十年以上前で、このころには武士団は形成されていますが、いずれも貴族の私兵、朝廷の警護兵にすぎません。

『宇治拾遺物語』は承久三年（一二二一年）とされていますが、この年に起こった承久の乱の決着がつくまでは、朝廷や貴族の権威はかろうじて守られています。

しかも、『宇治拾遺物語』は『古事談』の影響を受けてまとめられたともいわれています。

『古事談』も建保《けんぽう》三年（一二一五年）にまとめられたとされていますが、この本は平安時代末期の公卿の日記や史書など記録性のある文書から抜かれた、いわば平安時代のエピソード集としてつくられた本で、したがって『宇治拾遺物語』も平安時代の文献からの記録集なのです。

まず、平安後期に成立した『今昔物語集』はリアルタイムで平安時代の空気を語っているわけですからもっとも信頼でき、つぎに平安時代の文献を拾った『宇治拾遺物語』が信頼できるのです。

それを踏まえて『古今著聞集』の早生の瓜のエピソードをもう一度考えると、あまりに平安時代の価値観と違いすぎます。

平安中期までに成立した日記、史書、物語のどれをとっても武士という記述はないのです。ヒーローは、常に僧か陰陽師です。

以上のことから、藤原道長の時代の実話であるなら、エピソードのオチに武士がくるはずがないとわかってもらえたのではないでしょうか。

そのうえで、このエピソードの真意を探るとすると、

〈陰陽師が予言しようと、僧がつきとめようと、医師が食い止めようと、彼らが解決するわけではない。どんなことが起きようとも最終的にものをいうのは武士の武力なのだ。だから、貴族が道長公の時代の栄光を取り戻すには、武士たちを自分たちの味方につけなくてはならないのだ。〉

夢よもう一度、没落した貴族たちが復活するためのメッセージを、貴族政治全盛の藤原道長の時代に仮託して伝えているといったところでしょう。

だいたいにして、二百年以上前に死んだ人間たちの日記に記されてないからあえてここに記すってあたりが、いかにもフィクション的な構成じゃありませんか。

さて、以上八つのエピソードから晴明の秘術に隠された謎を探ってきました。

最後のエピソードは別として、いずれのエピソードも占術や呪術を駆使し、人の過去も未来も見通し、人にあらざる力を使った、いわば晴明の秘術に関する証言です。

☆晴明の略歴

では、安倍晴明は陰陽師として、そしてまた宮中に仕える身として、どのような人生を歩んだのでしょうか？

わかる範囲で略歴をつくりましょう。

延喜二十一年（九二一年）、晴明誕生。

天暦八年（九五四年）、長男・吉平誕生。

これが最初の子供なら、晴明の結婚は天暦六〜七年。晴明の三十三〜四歳ぐらいの時期となります。

このあと次男の吉昌《よしまさ》も生まれますが、出生時期は伝わってません。

すでに式神十二神将を自由に操り、ちまたでも評判の高い陰陽師となっています。

この後は、『中右記《ちゆうゆうき》』の記述が正しいとすると、

天徳《てんとく》四年（九六〇年）、四十歳のときは、まだ陰陽寮の天文得業生《てんもんとくごうしょう》。

安倍晴明木像（安倍文殊院）

この後に、天文博士の座につき、官位は正七位下になるのですが、その時期はだいたい推測できます。

晴明の師であった賀茂忠行の息子の保憲《やすのり》は陰陽頭《おんみょうのかみ》(陰陽寮長官)となるのですが、その子の光栄《みつよし》が暦博士となるのが天延《てんえん》二年(九七四年)三十六歳です。

晴明の才能と光栄との十八歳の年齢差を考えたら、応和《おうわ》元年(九六一年)に四十一歳あたりで天文博士になっていても不思議はないのではないでしょうか? また、何歳でかは不明ですが、大膳大夫《たいぜんのたいふ》になっているようです。

大膳大夫とは宮中の宴や神事・仏事に、料理や供物の手配をする仕事です。

天元《てんげん》二年(九七九年)、晴明が占術書『占事略決《せんじりやくけつ》』を編纂したのは、五十九歳のこの時期だろうといわれています。

永観《えいかん》二年(九八四年)、晴明が六十代になると急に天皇家や高級貴族の引きが高くなります。藤原実資や天皇家に呼ばれる記録が続出します。

晴明が重用されるようになったのは、貞観《じょうがん》二年(九七七年)、陰陽頭保憲が六十歳で亡くなったことに関係があるかもしれません。

いかに晴明が有能と知られていても、宮中では陰陽頭が最高の位ですし、保憲のほうが血筋的にも晴明よりも格上です。

案外、晴明の名前が公的な記録に残っていないのは、非公式な場で天皇や貴族に呼ばれていたからかもしれません。

長徳《ちょうとく》三年（九九七年）、七十七歳で、主計助《かずえのすけ》として朝廷に召されています。

主計助とは、主計寮《かずえのつかさ》の役人で主計頭につぐ地位の役人、すなわち次官のことです。

仕事は各種税の計算で、算術に精通した人材が求められましたが、晴明の時代には主計寮はあまり活発に機能していなかったようです。どうも、これまでの晴明の功労に対して贈られた名誉職と解釈していいのではないでしょうか。

これ以後の晴明の官職については、就いた時期は定かではありませんが、左京大夫《さきょうだいぶ》に就いています。これは藤原道長の家を中心とした左京の民政全般を司る役職で、晴明の時代には形式的な役職となっています。

この役職に就いたのは、長保《ちょうほう》二年（一〇〇〇年）、『御堂関白記《みどうかんぱくき》』という藤原道長の日記に道長が晴明を重用しはじめた記録が現われたあたりかもしれません。

実に道長が私的に呼びやすい職です。

その後は、穀倉院別当《こくそういんべっとう》に就いています。これは、穀物で納められた税を保管する備蓄倉庫の長官です。平安初期には公卿のエリートが就いた役職ですが、晴明の時代には官位が五位程度の者の就く形式的な役職となっています。

この役職に就く段階で晴明は五位に上がったとも考えられます。

さらに播磨守に就いています。これは、播磨国（兵庫県）の国司です。いまの県知事で任期は四～六年。平安初期には国司は現地に赴任するのが慣わしでしたが、晴明の時代になると名誉職化し、代理人（代官）を現地に派遣し、自分は一年に一度、現地視察をする程度でした。

播磨守になったときか、任を解かれてからかは不明ですが、最終的な晴明の官位は従四位です。

こういった順で晴明は役職に就いています。

しかし、七十七歳で主計助という役職に就き、八十五歳で没するまでに最終的に播磨守にいたったことから考えると、これらは陰陽寮を引退した晴明の、これまでの功績によって与えられた名誉職の意味あいが強いと思われます。

何かと晴明を宮中に召し出して、相談しなくてはならないため、無位無官でいさせるわけにもいかずに与えた官職で、あくまで、晴明に期待していたのは陰陽師としての能力であったと思えます。

さて、数々の晴明の秘術を紹介し、また晴明の略歴を紹介してきましたが、はたして、この大陰陽師の晴明に不可能はなかったのでしょうか？

☆晴明は完全無欠？ 弱点はなかったのか

最後に、これについて検証しましょう。

これまで紹介してきた晴明像では、占術をもって人の過去を当て、天を見上げれば人の運命がわかり、おかしな兆しがあれば呪詛と気づき、そしてどんな相手の術をも破り、誰も知らない奥義を極めた最強の陰陽師です。欠点など、あるとは思えません。

しかし、面白い記録があります。天元元年（九七八年）七月二十四日に晴明の家に落雷があり、家の一部が破損したと『日本記略』に残されているのです。

これだけでは被害の規模はわかりませんが、当時の家がすべて木造だったことからして、軽い火事でも起きたのかもしれません。

さてすでに晴明は天文博士であり、また陰陽師としても世間に騒がれるほどの実力を発揮していたころです。はたして、これが悪霊の仕業だったのか、鬼の仕業だったのか、記録には何も残されてはいません。

が、さきほどの在原業平の家を火事から封じた力をすれば、自宅に結界を張るなど、造作もないことのように思えるのですが、これはいったいどうしたことでしょう。

どうやら、いかに晴明といえども自分のことに関しては完璧に占えるわけではなかったようです。

いったい、どういういきさつで落雷があったのか、そして、沈着冷静なイメージの晴明が、そのとき、どう対処したのか？

さて、あなたなら、どんな情景を思い浮かべますか？

それにしても、その後、都の人たちは、なんと噂したのかなど想像すればするほど、超人安倍晴明が人間っぽく思えてくるから不思議なものです。

このエピソードが説話などに収録されていないことからすると、その後の陰陽師としての活躍ぶりの前にはたいした事件でもなかったのか、また、その後の対処が陰陽師として理にかなったものだったのでしょう。

それを考えてみると、晴明にしてみれば、八十五年の生涯でたった一度の失敗は千年後のわたしたちが語っているなど、実に不本意なことかもしれません。

四之巻

悪鬼徘徊、暗黒の闇が支配する世界

平安時代とはいかなる時代だったか

雅な貴族文化の裏に隠されたもの

☆優雅なイメージの平安文化

平安時代とは、いったいどんな時代だったのでしょうか？
「四百年にわたる平安時代は、貴族文化が開花した華やかな時代だった」
というのが、歴史の教科書や参考書で学んできた平安時代です
唐の長安《ちょうあん》の都を意識して築かれた平安京では、貴族の藤原氏一族が権力を握り、寝殿造《しんでんづくり》の豪華壮麗な屋敷に住み、十二単《じゅうにひとえ》の華美な着物に着飾った美女たちをはべらせ、昼は詩歌管弦《しいかかんげん》、夜は朝までつづく宴《うたげ》を楽しむ毎日であったと、紫式部の『源氏物語』や清少納言の『枕草子』などの平安時代に書かれた小説でも描かれています。

しかし、こういったうわべの華やかさに惑わされてはなりません。

夜通しの宴や優美な儀式にしても、詩歌管弦、豪華な神社や仏閣が造られたのにも、その裏側には、もうひとつの本当の理由があるのです。

その本当の理由を説明するとともに、平安時代の裏に隠された本当の姿を、ここでは明かします。

☆貴族が夜通しの宴を好んだ本当の理由

平安時代には、天皇や貴族が徹夜の歌会をたびたび開いていたり、貴族たちが集まっては朝まで眠らずに遊んでいた記録が数多く残っています。

応和《おうわ》二年（九六二年）五月四日には、村上《むらかみ》天皇が男女各九名ずつを左右の組に分けて歌の優劣を競う歌合せを、朝まで行なっています。

ちなみに、源博雅《みなもとのひろまさ》もこのときのメンバーです。また、九月五日に源融《とおる》の屋敷で行なわれた歌合せも、そういった記録のひとつです。

実は、こういった徹夜の遊びは、遊ぶことが目的ではないのです。本当の目的は眠らないことにあったのです。

平安時代には、人の体内に三尸虫《さんしちゅう》という虫が潜んでいると信じられていました。

この虫は天の神の使いで、日ごろの悪い行ないをすべてチェックしていて、庚申《こうしん》の日に天に昇ります。そして、三尸虫が天の神に報告すると、その分だけ、寿命を減らされてしまうのです。

この三尸虫、庚申の日の夜、人が眠っていないと体内から抜け出せないので、貴族たちは三尸虫を天に昇らせまいと眠いのをこらえて徹夜をしていたのです。

贅《ぜい》の限りをつくした朝までの宴も、実は三尸虫への怖れから始まっていたのです。

☆貴族に儀式が多い本当の理由

平安時代というと、年がら年じゅう、貴族たちが宮中に集まっては厳《いかめ》しい行事を執り行なっていたイメージがあります。

事実、平安時代は行事の時代で、奈良時代とくらべると格段に多くなっています。藤原師輔《ふじわらのもろすけ》が著わした『九条殿御遺誡《くじょうどのごゆいかい》』や『九条年中行事』を見ると、いかに貴族の日常は儀式だらけだったのかがよくわかります。

朝、起きたら自分の守り星の名前を七回唱えろとか、宮中に入ったらどういう順序で行動するとか、日常生活のすべてが儀式に埋めつくされています。

いまに伝わる儀式や行事も大部分は平安時代に貴族たちが行なっていたものが、室町時代に一般にも広がったものだとされています。

三月三日の雛祭《ひなまつり》、五月五日の子供の日なども、原形は宇多《うた》天皇が寛平《かんぴょう》二年（八九〇年）二月三十日に宮中行事として形を整えたものとされています。

いまでは健康祈願的な行事のこれらも、平安時代では、特別な食べ物を神に祀り、それを食べることで悪霊を遠ざけようとする行事でした。

そうです。実は平安時代になって増えた儀式のほとんどは、悪霊や怨霊に関係しているのです。

それを代表するのが、貞観《じょうがん》五年（八六三年）に神泉苑《しんせんえん》で盛大に行なわれた御霊会《ごりょうえ》です。これは朝廷が公式に怨霊の存在を認め、公的行事として行なった最初の怨霊供養の儀式でした。

早良親王《さわらしんのう》、藤原吉子《よしこ》（藤原夫人）、伊予《いよ》親王（伊予皇子）、藤原仲成《なかなり》（観察使）、橘逸勢《たちばなのはやなり》、宮田麻呂《みやたまろ》（文室宮田麻呂《ふんやの》）が供養されました。

記録によると、広く一般の人たちを交えて仏を拝み、経文を唱えるだけではなく、歌や舞い、相撲、馬の早駆け、弓の競技、芝居などをも交えた、にぎやかな祭でもありました。荒ぶる怨霊たちに娯楽を見せることで、恨みの念を忘れてもらおうとしたのです。

その後の御霊会には、井上《いのうえ》内親王、他戸《やりと》親王、藤原広嗣《ひろつぐ》、菅原道真《すがわらのみちざね》らが加えられています。

実は、平安時代の儀式は、貴族が怨霊の祟《たた》りから身を守るためにつくられていったのです。そして、日常生活にいたるまで細かな儀式が多かったのは、それだけ彼らが怨霊の祟りを怖れていた証明なのです。

☆神社や仏閣が多く造られた本当の理由

奈良時代には鎮護国家というフレーズで、仏教によって国家を守護することを目的として数多くの寺院が建てられました。そして平安時代には、寺院もそうですが、それ以上に数々の神社が造られました。

というと、一般的には、時の実力者が権力の象徴として建てたのだなとか、奈良時代の天皇のように信仰心が厚かったのだなと思うかもしれません。

しかし、そうではありません。

延暦寺《えんりやくじ》、東寺《とうじ》、西寺《さいじ》、霊安寺《りようあんじ》、崇道《すどう》神社、上御霊《かみごりよう》神社、下御霊神社は平安前期を代表するものですが、これらは前述したような目的はいっさいありません。

延暦寺、東寺、西寺の三つは桓武《かんむ》天皇が平安京を怨霊から守る目的で造らせたものですし、霊安寺、崇道神社、上御霊神社、下御霊神社らは天皇や貴族たちを祟った強力な怨霊たちを祀った神社です。

霊安寺には桓武《かんむ》天皇を祟った井上内親王の怨霊を。

崇道神社には桓武天皇を祟り殺した早良親王の怨霊が。

上御霊神社と下御霊神社には早良親王、藤原吉子（藤原夫人）、伊予親王（伊予皇子）、藤原仲成（観察使）、橘逸勢、宮田麻呂（文室宮田麻呂）と、後には吉備聖霊《きびのせいれい》、菅原道真が加わり、八所御霊《はっしょごりょう》といわれるようになります。

平安時代につぎつぎと神社仏閣が建てられた本当の理由は、恐るべき怨霊を鎮めるためだったのです。

優美な貴族文化の時代といわれた平安時代も、一皮めくると怨霊に脅かされた呪われた時代だったのです。

☆奈良時代の怨霊から逃れるのが目的

どうして平安時代が呪われた時代になったのか、それを知るためには奈良時代の末にまで遡《さかのぼ》らなくてはなりません。

奈良時代の末、光仁《こうにん》天皇の時代に藤原式家《しきけ》の貴族たちは、他戸親王が天皇になるよりも、山部《やまべの》親王が天皇になったほうが自分たちに有利であったため、陰謀で皇太子と母親の井上内親王に無実の罪を着せて、一年ほど監禁したあとに殺してしまいます。

そして、山部親王は皇太子になるのですが、陰謀の首謀者の藤原式家の三人は、他戸親王と井上内親王の祟りで急死してしまいます。

山部皇太子は天応《てんおう》元年（七八一年）四月、桓武天皇となりますが、それはまさに呪われた天皇の歴史の始まりだったのです。

長岡京への遷都をめぐって対立していた弟の早良親王を陥れて流罪にしたおかげで、早良親王は怨霊となり、桓武天皇の理想郷となるはずの新しい都は、呪いで破壊されてしまいます。

そして、早良親王の祟りのあまりのすごさに、建設中の長岡京を放棄して、新たに都を造営して、そこに遷都を決めます。

その理由は、早良親王の怨霊から逃れるというただ一点です。

そのために桓武天皇は呪術師や陰陽師《おんみょうじ》などに相談をし、悪霊封じを主とした都の設計にとりかかるのです。

それが、平安京です。

☆平安時代は怨霊と呪いの歴史

平安京は四神相応《しじんそうおう》という陰陽道の呪的理念を取り入れた理想都市で、鬼門の方角には陰陽師の家を置き、神社や仏閣など、ありとあらゆる霊的守護を施してあります。

しかし、桓武天皇自身は、他戸親王に井上内親王、早良親王と、桓武天皇の栄光の陰で無実の罪で死んだ者たちの怨念からは逃れることのできない宿命だったのです。

桓武天皇の死後も、怨霊たちはその象徴である平安京と、権勢を強めていく藤原一族を呪いつづけることになったのです。

まさに平安時代の呪いとは、桓武天皇と藤原氏にかけられた呪いの歴史なのかもしれません。

☆血塗られた藤原一族の権力闘争

平安時代は貴族藤原氏の時代ともいわれた時代でした。

しかし、その藤原氏もけっして一枚岩ではありません。北家《ほっけ》、南家《なんけ》、式家、京家《きょうけ》という四つに分かれた藤原家が、一族内で権力の争奪戦を繰りひろげていたのです。

平安時代の権力闘争は、自分の娘を天皇の子供といかに結婚させ、そして男の子を生ませるかにありました。男の子が生まれれば、いずれは天皇となるチャンスがあるからです。

娘の子が天皇になれば、一族は天皇の親戚となります。摂政関白として政治の実権を手にし、一族は栄華に包まれます。

その栄華の陰には、おなじ血を持つ者だけに、常に陰湿な謀略劇がつきまとっているのです。

謀略によって敗れた者には恨みが残ります。

恨みを持った者は死んで怨霊となります。

怨霊は、栄華を怨み、それを呪います。

呪われた者は、自分の栄華を奪った者を呪い、自分の死によって栄華を横取りした者を恨んで、怨霊となります。

藤原吉子は藤原仲成を恨んで怨霊となり、とりつかれた仲成も、この世に恨みを残して怨霊となってしまいます。また怨霊となった藤原元方《もとかた》は、政敵・藤原師輔を呪い殺し、怨霊となった師輔は実頼《さねより》一族を皆殺しにするといいます。

こうして、ひとつの恨みが怨みとなり、つぎつぎに怨霊を生み出していったのです。

☆陰湿な権力闘争が怨霊を生み出す

その最大の犠牲者こそ、菅原道真です。

菅原道真は、いまや唐から学ぶべきものはいっさいないといいきった和漢の学に通じた文章《もんじょう》博士で、才人として知られ、藤原一族から政治の実権を取り戻そうとする宇多天皇に重用されて、貴族でもないのに右大臣まで出世します。

しかし、道真の一族が藤原一族にとってかわることを恐れた藤原一族は、日ごろの対立を休止して一族の栄華を守るために団結して、お得意の謀略で道真を失脚に追いこみます。

そして、藤原氏の手慣れた権謀術策の前に道真は太宰府に左遷され、あまりの仕打ちに憤死して怨霊となるのです。

その怨みは太宰府左遷に同意した醍醐《だいご》天皇と藤原一族すべてにおよび、道真の怨霊は平安時代最大の怨霊とまでいわれます。

人が人を呪い、死にいたらしめ、

人が人を怨んで、死に、祟り、

無念のまま死ねば、魂がさまよい、

怨みを残して死ねば、人を祟り、

それらは、人にあらざる鬼を呼び、

もののけを、この世に生み出す。

実に、怨霊とは権力闘争によって人が生み、人が育てたものなのです。

怨霊を怖れていくら御霊会を開いて鎮めようとも、いくら寺や神社に祀《まつ》ってみたところで、陰湿な権力争いがなくならないかぎりは、新たな怨霊がつぎつぎと現われつづけるのです。

いいえ、怨霊だけではありません。人の悪しき心は鬼や疫神《えきじん》、もののけを都に呼びこみ、それが平安京を霊的守護の都から呪われた都としたのです。

まぎれもなく、これが安倍晴明《あべのせいめい》の生きていた時代なのです。

☆怨霊とは人間が生み出した業そのもの

晴明は陰陽師として、自分が生きた平安時代のことをどう思っていたのでしょうか？

それはわかりません。しかし、怨霊や鬼を貴族たちのようにただ怖れたり、大江山《おおえやま》の酒呑童子《しゅてんどうじ》をだまし打ちにした武士たちのように、ただ退治すればいい存在とは思っていなかったとは思います。

晴明は知っていたからです。人が生み、人が育てたことを。

怨霊と立ち向かう立場の晴明は、怨霊たちを見るたびに敵として見るのではなく、そのうしろにある人間の業《ごう》というものを見ていたのではないでしょうか？

怨霊も人も、そして鬼も魂を持っていることには変わりありません。

人が人を恨めば恨むほど、その人自身が鬼に近づいていくのと同様に、怨霊もまた人を恨めば恨むほど、救われる機会を失っていくことを晴明は知っていたのです。

陰陽師の晴明には、怨霊の生まれる原因も、そして鬼が現われる理由もすべて人にあるとわかっていたのです。

それを思うと、晴明にとってこの時代は悲しい時代であったのかもしれません。

☆平城京

平城京は東西四三〇〇メートル、南北四八〇〇メートルの、それまでの藤原京の三倍の広さの都市です。

和銅《わどう》三年（七一〇年）に元明《げんめい》天皇が居を移してから平安京に移るまでの八十年あまりを奈良時代といいます。

平城京は国を運営する官僚組織が膨れ上がり、藤原京では手狭なために、交通の便がよい奈良盆地の北を場所として誕生しました。

そして、仏教を保護した朝廷は、飛鳥地方にあった大安寺、薬師寺、元興寺などを移し、東大寺法華堂や唐招提寺金堂をはじめ、国際都市を意識した豪壮な建築物も造ったのです。

その代表こそ、天平勝宝《てんぴょうしょうほう》四年（七五二年）に完成した東大寺の大仏なのです。

しかし、これほどの規模の都にもかかわらず、九州で起きた藤原広嗣《ひろつぐ》の乱を警戒した聖武《しょうむ》天皇が恭仁京《くにきょう》、難波宮《なにわのみや》、紫香楽宮《しがらきのみや》に五年ものあいだ遷都したり、延暦《えんりゃく》三年（七八四年）に桓武天皇が長岡京に遷都を決めたりと、日本の顔であったのは、わずか六十年たらずにすぎなかったのです。

☆長岡京

長岡京は東西約四三〇〇メートル、南北約五一〇〇メートルの、水陸の便の良さから選ばれた都です。

延暦三年（七八四年）に、桓武天皇が激しい反対のなかで遷都を強行したのには、力をつけすぎた寺院を政治から切り離すことと、天皇親政を実現するための人心の一新がありました。

しかし、延暦四年（七八五年）九月二十三日に、松明《たいまつ》を照らしながら造営を指揮していた藤原種継《たねつぐ》を闇のなかから飛んできた二本の矢が貫き、種継の命を奪ったことで工事は停滞してしまいます。

長岡京造営責任者の死は暗殺と桓武天皇に報じられ、早良親王の仕業《しわざ》とされますが、早良親王は無実の罪を抗議するように死を選びます。

新都長岡京の運命は、このときから狂いはじめます。まるで早良親王が祟るかのように、つぎつぎに桓武天皇の近親が死に、皇太子までもが病に倒れてしまったのです。

そして大雨がつぎつぎに襲い、河川は氾濫し、長岡京は泥の海と化します。

桓武天皇は早良親王のすさまじい怨念に恐怖し、平城京から遷都してわずか十年の延暦十三年（七九四年）に新たに山背《やましろ》（山城）国に築いた平安京に遷都してしまうのです。

長岡京は未完成のまま、呪われた都として歴史にいまも名前を刻んでいるのです。

☆平安京

平安京は東西約四五〇〇メートル、南北約四七〇〇メートルの、唐の長安の都を意識してつくられた都です。

延暦十三年（七九四年）に早良親王の祟りの激しさに長岡京を捨てた桓武天皇は、陰陽道の呪的理念「四神相応」にかなった場所に新都を築いたのです。

北に山があれば玄武《げんぶ》、東に川があれば青竜《せいりゅう》、西に大道があれば白虎《びゃっこ》、南に池があれば朱雀《すざく》が置かれ、都を守護する。これが「四神相応」の概念です。

桓武天皇は鬼門の方角、比叡山に延暦寺を置き、都の周囲を寺社仏閣で埋めつくし、さらに都の正面に朱雀大路をはさむように右京に西寺、左京には東寺を配置しています。

歴史のうえでは、平安京はその名前のとおり、神や仏の力を借りて無事で穏やかな都を願って建設されたと伝えられていますが、当時の桓武天皇の心境はけっして、そんな生易しい言葉では言い表わせるものではありませんでした。

平安京は桓武天皇にとって、早良親王の怨霊から身を守る最後の手段だったのです。いわば、平安京は桓武天皇にとっての巨大な霊的シェルターであり、霊的防衛のかぎりをつくした究極の要塞都市であったのです。

それは、建久《けんきゅう》三年（一一九二年）、源《みなもとの》頼朝《よりとも》が鎌倉に幕府を開くまでの四百年間、平安京が名実ともに日本の首都であったことを考えると、成功したといっていいでしょう。

しかし、膨大な霊力は副作用をもたらし、鬼やもののけ、怨霊たちといった闇の力が平安京に呼び寄せられてしまいました。

平安時代が鬼と怨霊の時代といわれる理由は、平安京そのものにあったのです。

現世に怨念を残し、怨霊として甦る

☆平安の都を脅かした怨霊たち

平安京は、桓武天皇が怨霊から身を守るために築いた霊的防衛都市であることは説明したとおりです。

では、晴明が生きていた時代の平安京を脅かしたのは、どのような怨霊だったのでしょうか？

志なかばで、心ならずも陰険な策謀術数に敗れ去る者。

あらぬ汚名を被せられ、謀殺されてしまう者。

その怨念は、怨霊となって残された者の心を激しく揺さぶることだったに違いあり

ません。

では、平安京の闇を支配した怨霊たちを、一部、晴明没後の怨霊も交えながら、発生順に紹介します。

☆蛇身と化した井上内親王

井上内親王（?～七七五）は、藤原百川《ももかわ》によって光仁天皇呪詛の罪をでっちあげられ、幽閉された末に殺され、百川を恨んで怨霊となったと伝えられます。

元々は聖武天皇の娘で、十一歳で伊勢神宮に仕え、三十歳で帰京して白壁王《しろかべおう》に嫁ぎます。

夫の白壁王が藤原百川におされて即位し、光仁天皇になると、内親王は皇后となり、そのうえ、彼女の生んだ他戸親王が皇太子となったのです。

しかし、他戸親王よりも山部親王をつぎの天皇にするつもりの藤原百川に、井上が他戸を早く天皇にするために光仁天皇を呪詛《じゅそ》しているという策謀をめぐらされ、無実の罪で地位を追われ、幽閉された末に母子ふたりは、とうとう宝亀《ほうき》六年（七七五年）に、無念の死をとげるのです。

『水鏡《みずかがみ》』に「息を引き取るや、たちまち蛇身と化した」と記されていることから、恨みがいかに強かったがわかります。

祟りは翌年、宝亀七年（七七六年）九月から始まります。夜になると空から都に瓦や石、土砂が降り、二十日間もつづいたそうです。

宝亀八年九月には、井上内親王と他戸親王の排除に協力した藤原良継《よしつぐ》（山部親王の妃の父）が死に、冬には大日照りが起きて宇治川の水が枯れかかり、十二月には井上内親王殺しの首謀者の藤原百川と、光仁天皇、山部親王（後の桓武天皇）が、そろって鎧《よろい》をまとった百人の兵士に追われる夢を見て背筋を震わせます。

そして、宝亀十年（七七九年）には祟りは、陰謀の首謀者の藤原百川の身にもついにおよぶのです。百川の祈祷《きとう》役の僧泰隆《たいりゅう》が、百川が井上内親王を殺した罪で首をはねられるという夢を見た日、百川は急死してしまいます。

泰隆は百川にそれを伝えに行ったのですが、物忌みの最中で会うことができず、それを防ぐことはできませんでした。『帝王編年記』には「頓死《とんし》」と記録されていますから、壮絶な死にざまだったようです。

百川亡き後、井上内親王の怨霊は、失脚した自分の息子に代わって皇太子となり、天皇となった山部親王、すなわち桓武天皇に祟りを向けます。桓武天皇は早良親王の怨霊よりも前に、井上内親王と息子の他戸親王の祟りを身に受けていたのです。恐れた桓武天皇は、即位してすぐ霊安寺を建立、墓を山陵にし、身分もつぎつぎに引き上げ、怨念から身を守ろうとしました。

☆藤原百川に謀殺された他戸親王

光仁天皇の皇太子。藤原百川によって光仁天皇呪詛の罪をでっちあげられた母とともに幽閉され、その末に殺され、百川を恨んで怨霊となったと伝えられます。

他戸親王（?〜七七五）は光仁天皇の皇太子として、つぎの天皇の座が約束されていましたが、山部親王をつぎの天皇にしたい藤原百川の策謀で、宝亀六年（七七五年）に母である井上親王とともに幽閉されたあと、殺されます。

親王が首謀者の藤原百川たちを恨んで怨霊になって現われた記録は『水鏡』に残っています。宝亀九年（七七八年）のことです。

死んだはずの他戸親王が生きているという噂が流れ、それを聞いた父親の光仁天皇が噂の真偽を確かめるために使者を派遣させます。

すると、藤原百川は出発しようとする使者を呼び、もし本当に他戸が生きていたとしても天皇には真実を告げてはならないと釘をさします。

しかし、使者は愕然《がくぜん》とします。噂の流れた場所にいたのは間違いなく他戸親王だったのです。実は、それが他戸親王の怨霊なのですが、使者は気づきません。

使者は百川に口止めされているため、光仁天皇には「親王と似た人間がいたのを誰かが見間違えてできた噂で、根も葉もない話でした。もし、私が嘘の報告をしているなら、私の両目は抜け落ちるでしょう」と報告します。

それからしばらくして、使者の両目は落ちてしまったそうです。

天皇の使者ですから、他戸親王が本当に死んでいることは知っていると思います。にもかかわらず、親王の姿を見て怨霊だと思わないわけです。

このことは、奈良時代にはまだ恨みを残して人が死ぬと怨霊になるという考え方が伝わっていないことをよく表わしています。

それと、もうひとつ。他戸親王の怨霊が、いかに公然と人前に現われていたかがわかります。

また、親王の噂は広まっていても、それを恐れる内容ではないことから、親王の怨霊が自分の謀殺に関係した者以外は祟っていないらしきこともうかがえます。

☆吉備真備を祟り殺そうとした藤原広嗣

藤原広嗣（?～七四〇）は政敵の玄昉《げんぼう》を排除しようと挙兵し、敗れて斬殺されるや、玄昉と、自分を左遷した天皇を恨んで怨霊となったといわれています。

藤原広嗣は、藤原四兄弟がことごとく病死し、橘諸兄《たちばなのもろえ》や玄昉、吉備真備《きびのまきび》らに政治の実権を奪われて、衰えてしまった藤原氏の政治勢力を取り戻そうと、かなり強引な行動をとります。

それが原因で藤原一族からも孤立し、天平《てんぴょう》十年（七三八年）十二月に太宰府に左遷させられると、天平十二年（七四〇年）八月には玄昉、吉備真備を非難する上奏文を出して挙兵（藤原広嗣の乱）します。

乱は失敗に終わり、広嗣は捕えられて斬殺されますが、怨霊となった広嗣は憎き玄昉だけは許せないと、玄昉の体を空中高くつかみあげて、バラバラに引き裂いて地上に落としたと『今昔物語集《こんじゃくものがたりしゅう》』に記述があります。

その後についても『今昔物語集』は伝えています。

〈広嗣の怨霊におびえた聖武天皇は吉備真備に、北九州の広嗣の墓に行き、広嗣を鎮めるように命令します。

真備は広嗣の墓に行き、怨霊をなだめようとしますが、広嗣の恨みは鎮まりません。それどころか真備をも祟り殺そうとします。

しかし、真備は陰陽道の奥義を手にした人です。術で身を守り、心をこめて霊をなだめ、そうして広嗣の怨霊は鎮まり、これ以後、広嗣の怨霊が祟ることはなかった。〉

聖武天皇が乱が終わったあとも平城京に戻らずに、六年近くにわたって恭仁京、難波京、紫香楽宮を転々としていたのも、広嗣の怨霊を恐れていたからかもしれません。

☆多くの怪異現象を生み出した早良親王（崇道天皇）

兄の桓武天皇に無実の罪を着せられたばかりか、死んでもなお無慈悲な態度を恨んで怨霊となり、桓武天皇の縁者をつぎからつぎに祟り殺し、また、遷都したばかりの長岡京に徹底的に破壊をもたらしたとされます。

早良親王（七五〇〜七八五）は光仁天皇の第二皇子で、母親は違いますが桓武天皇の弟にあたります。東大寺で出家して僧になったこともあるため、仏教勢力を政治から排除しようとする兄の桓武天皇の長岡京遷都に反対していたとされています。

そのため、延暦四年（七八五年）に長岡京の建設指揮をとっていた藤原種継《たねつぐ》が大伴《おおとも》氏らに暗殺されると、早良親王が首謀者と決めつけられ、兄の桓武天皇から国家への反逆者の罪を着せられたのです。

捕えられた親王は無実を訴え、兄に直訴しようとするがかなえられず、あまりの仕打ちに絶食して抗議の意志を示し、淡路島に流される途中の淀川近くで衰弱死してしまいます。

親王の命をかけた無実の訴えを桓武天皇は無視し、遺体を手厚く葬るどころか、そのまま罪人として淡路に流して埋葬させます。

長岡京で怪事が起きはじめたのは、それから数カ月後のことです。

延暦五年（七八六年）には桓武天皇の夫人（皇后のつぎの位の妃）藤原旅子《たびこ》の母、諸姉《もろあね》（藤原百川の娘）が死に、延暦七年（七八八年）には愛する旅子が三十歳の若さで死んでしまいます。

そして翌八年には桓武天皇の母高野新笠《たかののにいがさ》が、また翌九年は皇后の藤原乙牟漏《おとむろ》（藤原種継の娘）が三十一歳で急死します。

桓武天皇は、祟りや怨霊を信じない平安時代には珍しく合理的な人物でしたが、さすがに皇后の死に不安を感じ、罪人として剝奪《はくだつ》した早良親王の親王の位を戻し、親王の罪を許すと発表するのですが、こんなことでは怨霊の祟りは止まりません。

同年七月には夫人の坂上又子《さかのうえのまたこ》が死に、九月には天皇の息子で皇太子の安殿親王《あてのみこ》(後の平城《へいぜい》天皇)がついに病気に。

桓武天皇は愛する我が子の命を守ろうと七カ所の寺で病気平癒の祈願をさせ、同時に淡路島の親王の遺体を埋めた場所に墓守を置き、墓として整備し、霊を鎮めようとします。にもかかわらず、その年、長岡京では恐ろしい疫病が発生し、それは近畿一帯に蔓延《まんえん》して数多くの死者が発生します。

さらに延暦十一年(七九二年)には洪水。

そして、安殿親王の病はますます重くなります。

桓武天皇は陰陽師を呼び、これまでのことを占ってもらうのですが、その結果は天皇が最も恐れていた早良親王の祟りと出ます。それを示すかのごとく、六月には激しい雷鳴と豪雨で内裏にある式部省の南門が倒壊してしまいます。

ついにすべてが早良親王の祟りの仕業であったと知った天皇は淡路島の早良親王の霊に深くわびるために親王の墓をさらに整備しますが、怪異は止まりません。

八月には豪雨で淀川が氾濫し、一帯は泥の海となります。

ついに延暦十二年、桓武天皇は早良親王の祟りの激しさに、反対を押しきって遷都した長岡京を放棄し、新たに平安京を建設して遷都することを決めます。

親王の怨霊に怯える桓武天皇は、呪術者や陰陽師の意見を参考に徹底的な悪霊封じの設計をします。

しかし、延暦十三年（七九四年）に安殿親王の后、藤原帯子《たらしこ》が突然死。延暦十五年には桓武天皇のお気に入りの妃、因幡国造浄成女《いなばのくにつくりのみやつこきよなりめ》が死に、延暦十六年には桓武天皇の霊的守護の任についていた守護僧善珠《ぜんしゅ》までもが死を遂げてしまいます。

これを機に桓武天皇の怨霊への恐怖は、ますます大きくなっていきます。

延暦十九年（八〇〇年）三月に富士山が大噴火し、三十五日に渡って火山灰が降り注いだといわれています。災害のあまりの大きさに恐怖した天皇は、七月には早良親王に崇道天皇の称号を贈り、その墓を山陵として造営させたうえ、使者を送って謝罪させます。

そのうえ、親王に崇道天皇の称号を贈り、大和国に山陵を築いて遺骨をそこに納めようとするのですが、どうしたことか淡路から遺骨を運ばせても、それを拒むように、船は二度までも途中で沈み、三度かかってようやく海を渡ります。

さらに、延暦二十三年には嵐で中院の西楼が倒壊し、牛が下敷きになって死にます。

桓武天皇は自分が丑《うし》年なので、これはつぎは自分を殺すという予言だと信じ、また早良親王が死んだ年も丑年であったことから、よくも自分を殺したなというメッセージとして受け止め、怯えは頂点に達しました。

そして、ついに桓武天皇も病の床につくのです。

その後はひたすら病床で、崇道天皇の怨念を鎮めようと鎮魂の行事をつづけます。安殿に淡路島に崇道天皇のための寺院を建てることを命じたのを最後に、怨霊に脅かされた生涯を終えるのです。

桓武天皇を一生に渡って悩ませた早良親王の霊は、その後、上御霊神社と下御霊神社、崇導神社の三つに祀られ、桓武天皇亡き後も、怨霊を鎮めるための行事がつづけられています。

☆抗議の服毒死で怨霊となった藤原吉子（藤原夫人）

早良親王とおなじように無実の罪を恨んで死に、怨霊となって、首謀者・藤原仲成の一族、藤原式家を手始めに平安京を祟ったとされています。

藤原吉子（?～八〇七）は藤原雄友《おとも》の妹で、桓武天皇の夫人であり、伊予親王の母親です。

天皇が没し、平城天皇（安殿が即位）の時代となった翌年の大同《だいどう》二年（八〇七年）十月に伊予親王が反乱を企てた罪で、十一月息子ともども川原寺に幽閉され、抗議の断食を行なった末に母子で服毒死を遂げています。

あまりに早良親王と似たパターンから、これは、早良親王の怨霊が桓武天皇の縁者の最後のひとりまでを祟り殺そうとしているのだと噂されました。

記録には藤原吉子の怨霊の祟りの内容は残っていませんが、藤原仲成の失脚と、その後の藤原式家の没落は、すべて藤原吉子と伊予親王の祟りであるといわれています。

また、祟りを鎮めるために朝廷は、承和《じょうわ》六年（八三九年）九月に従三位を贈り、それでも鎮まらなかったのか、十月には従二位と官位を乱発し、貞観五年（八六三年）五月には神泉苑の御霊会に祀られました。

京都にある下御霊神社は、藤原吉子と伊予親王の怨霊を鎮めるために建てられたものです。

☆母とともに怨霊となって甦った伊予親王（伊予皇子）

伊予親王（?〜八〇七）は母の藤原吉子とともに無実の罪を恨んで死に、怨霊となって、平城天皇と首謀者・藤原仲成の一族、藤原式家を始めに平安京を祟ったとされています。

桓武天皇の皇子で、母親は前述した藤原吉子です。

父の桓武天皇には愛され、贅沢の限りをつくすことを許されましたが、平城天皇の時代になってからは少々不満があったのでしょうか、藤原宗成に反乱を勧められたといわれています。

ここで伊予親王が何と答えたのかは伝わっていませんが、このことが藤原四家（南家、北家、式家、京家）の桓武天皇亡き後の権力闘争に発展してしまいます。

その結果、大同二年に母ともども反乱の容疑で幽閉の末、服毒死を遂げますが、これは藤原式家の仲成の策謀ではなかったのかといわれています。

母とともに怨霊となり、仲成を祟った後は平安京を脅かしたと伝えられています。

祟りの記録は残っていませんが、没後二十年してから剝奪された親王位を戻され、承和六年（八三九年）に官位一品を追贈され、貞観五年（八六三年）には神泉苑の御霊会に祀られました。

母の吉子に二度にわたって官位を追贈されていることから考えると、母親の怨霊の祟りのほうが、より恐ろしかったのかもしれません。

☆自らの策に溺れた藤原仲成（観察使）

手にした権力への執着心と自分を破滅に追いこんだ藤原内麻呂《うちまろ》ら藤原北家への恨みから怨霊となったとされています。

藤原仲成（七六四〜八一〇）は藤原種継の長男で、平城天皇が即位すると妹の薬子《くすこ》が天皇に愛され、そのおかげで平城天皇の信頼が厚くなり、朝廷での力を強めます。伊予親王に反乱を勧めるように宗成《むねなり》にいったとされていますが、この策謀の張本人は仲成ではないかといわれています。

その後、平城天皇の力をバックに仲成は大同三年（八〇八年）に左兵衛督《さひょうえのかみ》と右大弁《うだいべん》を兼任。四年には参議制度を停止して設置された観察使となり、さらに右兵衛督と大蔵卿を兼任するほど出世します。

しかし、平城天皇が退位し上皇となると、自らの権力の先行きに不安を感じるようになり、平城京に移った平城上皇に天皇に代わって政権をとるように勧めます。これが天皇とのあいだに対立を生むことになるのです。

対立は上皇が弘仁《こうにん》元年（八一〇年）に平城遷都を命じたことで決定的になり、九月十日に仲成は捕えられて右兵衛府に監禁されます。

その後、仲成は先帝（桓武天皇）夫人の藤原吉子を陥れた罪で佐渡守《さどのかみ》に左遷されますが、平城上皇が挙兵の準備に東国に出発した翌十一日、射殺されてしまいます。

藤原仲成ほど自業自得という言葉があてはまる者はいません。策士、策に溺れる。まさにそのものといってもいいでしょう。そんな仲成だからこそ、自分の手から権力を奪い去った者たちを呪って怨霊となったのかもしれません。

☆無実の罪で無念な死を遂げた書の達人・橘逸勢

無実の罪で捕えられて拷問《ごうもん》を受け、流刑となり途中で病死を遂げました。書の達人とまでいわれた自分が陥れられたことを恨み、怨霊となりました。嵯峨《さが》天皇、空海《くうかい》とともに三筆といわれる書の達人です。

橘逸勢（？〜八四二）は延暦二十三年（八〇四年）、留学生として唐で『琴書《きんしょ》』を学んで、大同元年（八〇六年）に帰国し、優秀な書家として知られるようになります。

弘仁九年（八一八年）大内裏の北面の山門の額の書を任されますが、承和九年（八四二年）承和の変に関係しているとして捕えられ、拷問を受けた末に、無実の罪で伊豆に流刑されてしまいます。

そして、流される途中の遠江国《とおとうみのくに》で、無念のまま病没。

十一年後の仁寿《にんじゅ》三年（八五三年）、従四位下が贈られ名誉が回復され、貞観五年（八六三年）には御霊会、また平治《へいじ》元年（一一五九年）には、橘逸勢社祭が行なわれていることから、祟りの規模は大きかったと思われます。

☆謀叛の疑いで流刑された宮田麻呂（文室宮田麻呂）

新羅《しらぎ》の手先として謀叛《むほん》を起こそうとしていた容疑で流刑に。その後の消息は不明ですが、どうやら無実の罪だったようで、死後、怨霊となったとされています。

宮田麻呂（生没年未詳）は承和七年（八四〇年）に筑前守《ちくぜんのかみ》に任ぜられ、太宰府で新羅商人と私的貿易を行ない、翌年に解任されたあとも、貿易もつづけていたとされています。

承和十年に新羅商人と結託して謀叛を計画していると密告されて、京に召喚されて左衛門府《さえもんふ》に監禁され、京と難波の屋敷を調べられます。そして武器が見つかったことから伊豆に流刑になります。

はたして、本当に謀叛を計画していたのかは疑問が残ります。裏側には海外貿易の利権をめぐっての何らかの暗闘があったと考えられます。

流刑を決めたのは藤原良房《よしふさ》といわれています。これは橘逸勢のときもそうです。良房は、後に貞観《じょうがん》御霊会《ごりょうえ》を行なったときの摂政太政大臣、つまり国の実権を握る存在です。となると、良房にはこのふたりに祟られる理由があって、それをかわそうとしたのかもしれません。

☆平安時代最大の怨霊、菅原道真

学者でありながら右大臣にまで異例の出世を遂げますが、左大臣・藤原時平《ときひら》の策謀で太宰府に左遷され、憤死する。死後は平安時代最大の怨霊となり、藤原一族を恐怖のどん底に叩きこみます。

菅原道真（八四五～九〇三）は幼いころから漢詩に才能を発揮して、後に文章博士となり、学者として才能を発揮しました。

その頭脳の優秀さが、かねてから藤原氏中心ではなく自分独自の政治を行ないたい宇多天皇の目にとまり、左京大夫、左大弁、中納言、権大納言、さらには右大臣と昇進していきます。

貴族でもない人間の大出世に、左大臣・藤原時平をはじめとした藤原一族は、道真を敵視するようになり、道真の悲劇はここから始まります。

宇多天皇が退位すると、時平は若い醍醐天皇に、道真が醍醐天皇を廃帝させようと企てていると嘘をいいます。恐れた醍醐天皇は延喜元年（九〇一年）一月二十五日に、道真を太宰府に左遷します。

その約一週間後に道真は太宰府に向かい、二年後の延喜三年二月二十五日に、藤原時平たちの仕打ちを恨みながら衰弱死します。

都で天を引き裂くような大音声の雷があちこちを直撃するようになったのは、それからです。

延喜八年（九〇八年）十月には、道真を裏切って失脚を手伝った藤原管根《すがね》が病死します。そして、都では疫病が流行し、日照りもつづくようになります。

バタバタと人は死に、作物も枯れ、飢饉《ききん》となります。それだけではありません。実に、この後二十二年に渡って京では天変地異が毎年のようにつづくのです。

そんなさなかに、道真追い落としの首謀者の時平が、三十九歳の若さで病死します。

さらに、延長《えんちょう》元年（九二三年）三月には、道真を失脚させた時平の娘が生んだ皇太子・保明《やすあきら》親王が、二十一歳で突然死します。『日本紀略』などの史書には、道真の怨霊の復讐を貴族たちがいかに恐れていたかが記録されています。

しかし、祟りはこれでは終わりません。延長八年(九三〇年)六月二十六日には内裏の清涼殿《せいりょうでん》(醍醐天皇の居室)で左大臣・藤原忠平《ただひら》、大納言藤原清貫《きよつら》らの公卿が災害対策を協議しているところに激しい落雷が直撃します。直撃です!

頑丈さで知られる清涼殿の大柱は、まっぷたつに裂け、その近くにいた清貫は胸を裂かれ、一瞬にして黒焦げになってしまいました。隣にいた平希世《たいらのまれよ》は顔を焼かれて即死。雷となった道真に蹴り殺されたとも伝えられています。

さらに落雷は紫宸殿《ししんでん》をも直撃!

右兵衛佐・美努忠包《みぬのただかね》は頭を焼かれ、安曇宗仁《あずみのむねひと》は両膝を焼かれてのたうちまわります。

このことは、藤原一族と醍醐天皇を恐怖のどん底につき落とします。

清涼殿は醍醐天皇の居室であり、すでに道真を追い落とした時平たちは、この世の者ではなくなっています。

となれば、道真の怨霊は自分を祟り殺そうとしたのだと、醍醐天皇は激しいショックを受けます。道真の祟りから身をかわそうと、醍醐天皇は九月二十二日に寛明《ひろあきら》親王に譲位しますが、祟りから逃れることはできず、一週間後の九月二十九日に死去。そして、朱雀《すざく》天皇は天暦《てんりゃく》六年（九五二年）に三十歳の若さで死去するのです。道真の怨霊の怒りは、醍醐天皇の死だけではおさまらなかったのです。

☆サイコロ占いが事実となってしまった藤原元方

藤原菅根の次男で、大納言兼民部卿正三位まで昇りつめます。娘の祐姫《すけひめ》は村上天皇の更衣《こうい》となり第一皇子の広平《ひろひら》親王を生みました。

元方（八八八〜九五三）は自分の孫が皇太子となり、天皇となることを期待したのですが、藤原師輔の娘、安子《あんし》もまた天皇の子を宿してしまいます。

師輔の娘の安子は、祐姫よりも上の身分の女御です。そして師輔は右大臣ですから、生まれてくる子供が男であれば、皇太子には安子の子がなる可能性が高いのです。

それに関するエピソードがあります。

宮中で庚申《こうしん》の夜、元方と実頼、師輔が顔をあわせたとき、師輔が双六《すごろく》のサイコロを手にして「どうだ、わしの娘が男の子を産むか、こいつで占ってみるか」といい、「重六よ出ろ！　でれば男じゃ！」とサイを振ると間違いなく六がふたつ、重六が出て、元方と実頼はその場で顔面蒼白になったそうです。

事実はそのとおりになります。安子が生んだ第二親王・憲平《のりひら》が、天暦四年七月二十三日に、まだ生後二カ月で皇太子に選ばれてしまい、あまりの悔しさから病気になって食事も喉を通らなくなり、そのまま天暦七年三月二十一日衰弱死しました。

孫を出し抜いて皇太子になった憲平と藤原師輔への恨みから元方は怨霊となって、憲平が即位した冷泉《れいぜい》天皇と師輔を祟り殺しました。

☆息子・広平が即位できず無念のなかで死んだ藤原祐姫

藤原元方の娘として、村上天皇の更衣となり、天暦四年（九五〇年）に第一皇子・広平親王を生みました。

祐姫（生没年未詳）と元方は広平親王が将来は天皇となることを期待し、また第一皇子である以上は間違いなく皇太子になり、それから天皇に即位するのは当然とも思っていたようです。

ところが、藤原安子の生んだ憲平親王が皇太子に選ばれ、ショックで病気となった父の元方は衰弱死し、祐姫と広平親王もつづくように病死して怨霊となったと『栄花

物語』に伝わっています。

しかし、『日本紀略』では広平親王は天禄《てんろく》二年（九七一年）九月十日に亡くなったと記されていますし、祐姫も康保《こうほう》四年（九六七年）五月二十五日に村上天皇が崩御すると、七月十五日に出家したと記録されていますから、実際には元方が病死してからも十年はふたりとも生きていたことになります。

そして、歴史的にはこちらが事実であるとされています。

だとすると、祐姫が出家した三カ月後に、憎き憲平親王は即位して冷泉天皇になるのですが、そのときの祐姫の心中はどのようなものだったのでしょう。

祐姫が、いつ亡くなったのかは歴史には伝わっていませんが、冷泉天皇が即位するころには、自分と自分の子の運命を狂わせた冷泉天皇を恨んで亡くなったのではないでしょうか。そのため、冷泉天皇は元方と祐姫の怨霊に悩まされ、ついに二年で弟の円融《えんゆう》天皇に譲位します。

☆孫の冷泉天皇の姿を見ることなく病死した藤原師輔

藤原師輔（九〇八～九六〇）は関白・藤原忠平の子で、承平《じょうへい》五年（九三五年）に右大臣正二位となります。

官僚としては実に有能な人物であったと記録されています。また有職故実《ゆうそくこじつ》や宮中儀式に関する知識に富み、『九条年中行事』という儀式作法の集大成を著わし、九条流故実の祖とも伝えられています。

著作はほかに『貞信公救命《ていしんこうきゅうめい》』や『九条殿遺誡《くじょうどののゆいかい》』が現代に伝わっていますが、歌人としても優秀で、『後撰《ごせん》和歌集』などの勅撰和歌集に数々の歌が収められています。

兄の左大臣・藤原実頼と中納言・藤原元方との三人で、誰の娘が男子を生んで皇太子となるかを争っていたのは有名です。

勝負は師輔の娘が生んだ子が皇太子となり、それがのちの冷泉天皇となるのですが、元方の祟りで、師輔は皇太子が天皇になるのを見ることなく、五十三歳で病死します。

師輔の死は、本来なら師輔がなるべき関白の地位に、兄の実頼を引き上げてしまいました。

自分の手にしようとしていた地位を横取りされたのを恨んだ師輔は怨霊となり、実頼の孫の藤原実資の日記『小右記《しょうゆうき》』には、正暦《しょうりゃく》四年（九九三年）に実頼の怨霊が現われて、子孫をすべてとり殺してやろうと思ったといったと書かれています。

☆激しい出世欲がドス黒い未練を残した藤原朝成

三条西洞院《さんじょうにしのとういん》に住んでいたため「三条殿」と呼ばれ、死後「三条の鬼殿」と呼ばれて恐れられました。強すぎる出世欲から生霊となって、自分を大納言に推薦しなかった藤原伊尹《これまさ》を祟り殺し、死んだ後は怨霊となって伊尹の子孫をも呪いつづけました。

右大臣藤原定方《さだかた》の子として生まれた朝成《あさひら》（九一七〜九七四）のことを『今昔物語』は、学才があり、また思慮深くて度胸もあったこと、それから笙《しょう》という笛の腕も抜群であったこと、財産が多くて金持ちであったと伝えています。

天禄二年（九七一年）に中納言となりますが、これでは満足せず、つぎなる地位、大納言を狙います。『古事談』には伊尹に、どうか私にならせてくれと頼んだエピソードまであります。

しかし、伊尹は以前、別の役職を争ったときに朝成が自分の悪口をいって歩いていたのを知っているので、そのときの恨みと、朝成が大納言になれるかどうかは自分次第だと脅します。

朝成は伊尹が生きているかぎり、絶対に大納言になれないとあせります。そして、伊尹さえいなければという気持ちから、ついに生霊となり、伊尹を呪い殺してしまったのです。

それでも大納言になれなかった朝成は、

「伊尹の一族を永遠に滅亡させてやる。男だけではないぞ。女だろうとも容赦しない。伊尹の一族に味方する者も恨んでやるぞ」

と、誓いながら死に怨霊となったのです。その祟りは、伊尹の孫の花山《かざん》天皇と藤原義懐《よしちか》を出家させ、高賢、良孝を死に導いたと伝えられています。

また、『大鏡』には、死んだ朝成が伊尹の孫の行成《ゆきなり》を祟ろうと御所の南殿で待ちうけているのを藤原道長が夢で見て、行成に忠告しようとした話が、『江談抄《ごうだんしょう》』には朝成の怨霊が行成につきまとっているようすなどが記されています。

いまも伊尹の子孫は、かつて朝成の屋敷があった三条西洞院には足を向けないともいわれています。

☆元方の祟りか？　錯乱狂気になった冷泉天皇

冷泉天皇（九五〇～一〇一一）は村上天皇の第二皇子として、藤原師輔の娘、藤原安子から生まれました。皇子出生に師輔の喜びは大きかったようです。盛大なお祝いをしたことが師輔の日記に記されています。

孫の広平が皇太子になり、自分が政治の実権を握ることを夢見ていた藤原元方は、絶望と怒りで憤死、その怨霊は、その後の冷泉天皇の人生につきまとってきます。

元方の祟りなのか、冷泉天皇は成長するに従って、頭のほうがおかしくなっていくのです。『栄花物語』には、元方と祐姫の怨霊のおかげで錯乱し、常に身分の高い誰かが、昼夜つきっきりでいなくてはならなかったというように記されています。

それもあって、康保四年（九六七年）に即位してから安和《あんな》二年（九六九年）に在位三年で冷泉天皇は譲位してしまいます。

しかし、祐姫と元方の怨霊はそれでは鎮まりません。天禄元年（九七〇年）には御所としていた冷泉院が焼失、居所を朱雀院に、そして鴨院に移しますが、鴨院も焼け落ちてしまいます。

寛弘《かんこう》八年（一〇一一年）十月に崩御しますが、その一生は元方と祐姫の怨霊に脅かされ、狂死し、死後も、冷泉天皇は元方と祐姫に祟られて怨霊となったとも伝えられています。

☆無能な人物とあざ笑われ病死した藤原顕光

関白太政大臣・藤原兼通の子として生まれ、天延《てんえん》三年（九七五年）十一月には、三十一歳で左大臣正二位となり、左衛門督、検非違使別当《けびいしべっとう》、右近衛大将、按察使《あぜち》、東大寺別当、大学別当、蔵人所別当《くろうどどころのべっとう》などのさまざまな役職をも兼務します。

しかし、こうした出世は顕光（九四四〜一〇二一）に能力があったからではなく、父親の七光、家柄のおかげだったようです。いえ、はっきりいって、はなはだ無能な人物であったと当時の記録にも残っています。

世間でも有能で理性的、人格者とさえ評価されていた公卿、藤原実資でさえ『小右記』で「愚かの上に、さらに愚かがつく」「左大臣となって五十年の間、ありとあらゆる人間からあざ笑われっぱなしで、あざ笑わない人間はひとりもいなかった」とまで書いています。

顕光のふたりの娘のうち、元子は天皇に、延子は東宮に嫁していて、このままいけば天下も夢ではないという状況でしたが、元子は源頼定と密通、また延子は藤原道長の策謀で東宮から引き離されてしまいます。

栄華の夢を失った顕光は道長を恨み、その後、治安《じあん》元年（一〇二一年）に病死したあと、道長を祟って怨霊となります。

人びとはかつて顕光が左大臣だったことから、怨霊を悪霊左府と呼びました。

☆道長のひどい仕打ちを祟りつづけた藤原延子

藤原延子《えんし》（?～一〇一九）は藤原顕光の二女で、歌人としても知られていました。寛弘七年に敦仁《あつひと》王に嫁し、顕光の住む堀河でともに暮らしました。敦仁王は、のちに親王となり、一男一女をもうけたところで、親王は東宮となり、延子は堀川女御と呼ばれるようになります。しかし、東宮となった親王は、堀川を離れて住むことになり、道長の策謀で東宮を追われたうえに、道長の娘・寛子《かんし》と結婚して高松殿に住んでしまいます。あまりの仕打ちに、悲しんだ延子は道長と寛子を恨み、病気となり、ついには寛仁《かんにん》三年（一〇一九年）四月九日の夜、血を吐いて死んでしまいました。

そして、怨霊となった延子は、策謀によって自分の愛しい人を奪って自分の娘のものにした藤原道長とその一族を祟りつづけ、そのため、道長亡き後の藤原北家は没落したといわれています。

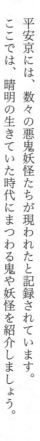

闇にうごめく鬼と妖怪の群れ

平安京には、数々の悪鬼妖怪たちが現われたと記録されています。

ここでは、晴明の生きていた時代にまつわる鬼や妖怪を紹介しましょう。

☆悩みや恨みを抱える人間に取りつく生霊ども

生霊《いきりょう》は人が深く悩んだり、激しい恨みを抱えているときに生まれるといわれています。魂が肉体を離れて他人に取りつき殺すのです。

『今昔物語集』には、民部大夫《みんぶだいぶ》が近江国《おうみのくに》に残してきた妻を顧みなかったため、妻が生霊となって都に現われ、夫を取り殺した話が伝わっています。

怨霊の項で、藤原朝成の生霊が藤原伊尹を取り殺したと紹介しましたが、このとき、晴明は五十一歳。

伊尹が不吉を感じ、晴明を呼び寄せていれば、あるいは伊尹は助かったのかもしれません。

☆ときには人助けもする天狗

天狗は愛宕山《あたごやま》、比叡山《ひえいざん》、鞍馬山《くらまやま》、比良山《ひらさん》、那智山《なちさん》などの山に住んでいた妖怪です。山伏《やまぶし》の姿をしていて、空を飛んではあちこちに現われ、神通力を使って人を惑わすとされていますが、悪さをするばかりではなく、人助けをする天狗もいたようです。

『古事談』によると、花山天皇が那智山に篭《こも》ったときは、ここの天狗が悪さをして天皇の邪魔をするので、晴明を呼んで天狗祓いをさせたそうです。

☆美しい女に化け、人をたぶらかす狐

昔から狐は予知能力を持ち、人にも化けると伝えられています。美しい女に化けるのが得意で、晴明の母親も狐の化身であるといわれています。

『今昔物語集』には、実にさまざまな狐の話が説かれています。月夜に応天門の上に真っ青に光る狐が不気味な鳴き声をあげた話や、大内裏宴の松原で美女に化けた狐が現われた話、妻に化けた狐が現われて、どちらが本当の妻かと混乱する話、仁和寺《にんなじ》の東にある高陽川に女童《めのわらわ》に化けて現われた話など、京に現われた数々の狐の話が記録されています。

狐は内裏にしばしば現われたようで、藤原宗忠《むねただ》の日記『中右記』にも、嘉保《かほう》二年（一〇九五年）十月二日に内裏の門に怪しく光る物を見たと記されていますから、応天門のとおなじく、これも狐だったのかもしれません。

狐たちが内裏に現われるのは、菅原道真に右大臣の辞職勧告をしたことでも知られる三善清行《みよしきよゆき》のエピソードにも関係があります。

家のなかった清行が、五条堀川にあるお化け屋敷を、人に止められるのもきかずに買い取って引っ越しをし、ひとりで夜を迎えると、明け方近くまで、とても怪しい出来事がつづきます。

これは狐の仕業だなと、まったく動ぜずにいる清行に、困った狐の長老が人間の姿で現われ、清行に「長年住んでいる家に、人が住まわれるようになって、たいへん困ってしまっています」と哀訴しました。

するとクは「お前の願いは筋が通らん。わしは正当な手続きでこの家を買ったが、お前たちは人を脅かして追い出して居坐っているのではないか。これは実に非道な行為だぞ。本当の鬼神は人間と違って、道理にはずれたことをしないからこそ恐ろしいのだ。どうせ狐か何かだろう。このうえは、全員犬に食い殺させてもいいのだぞ。さぁ、言い分があるならいってみろ」と激しい剣幕です。

そして「ここに住んでいたのは他に住む場所がないからで、もし大学寮の南門の東脇の空地に住まわせてもらえるのなら、そこに移りたいのですが」という狐の言葉を清行が認めたと『今昔物語集』にあります。

大学寮は大内裏の美福門《びふくもん》と二条通りをはさんだ向かいにあります。その南門の東側とは、御霊会で有名な神泉苑のことです。

そこに狐たちが住んでいたなら、内裏はすぐ近くですから頻繁に現われても不思議はありません。

ちなみに、三善清行は寛平五年（八九三年）に備中介《びっちゅうのすけ》として京を離れますから、狐の引っ越しは、清行が四年後に戻ってきて新たな家を探していたころ、すなわち寛平九年（八九七年）だと考えられます。

☆金毛九尾の狐（玉藻前）

九尾《きゅうび》の狐は、八百年ものあいだ、絶世の美女に化け、さまざまな国の王の前に現われては、その美しさの虜《とりこ》としました。

その笑顔は絶世の美しさでしたが、人に不幸があったときしか見せなかったので、笑顔見たさに王は、臣下や国民の首をつぎつぎに目の前で斬らせ、そのために周の幽王や、夏《か》の粱王《りょうおう》を滅ぼし、殷《いん》では紂王《ちゅうおう》の寵妃《ちょうき》の妲己《だっき》となり、殷《いん》を滅ぼした末に日本へ現われ、鳥羽《とば》法王の御所に玉藻前《たまものまえ》と名乗って現われたと、いくつかの物語に伝えられています。

九尾の狐は、これまで誰にも正体を見破られることなく生きつづけてきましたが、安倍晴明が正体を見抜き、晴明の術の強さが自分以上と怖れをなし、たちまち逃げ出してしまいます。

それを三浦介《みうらのすけ》と上総介《かずさのすけ》というふたりの武士が追い詰めて退治するのですが、死ぬと同時にその怨念は「殺生石《せっしょうせき》」と呼ばれる石となり、なおも祟ったそうです。

この物語には鳥羽法王ではなく、近衛《このえ》天皇として伝わっているものもあります。

ちなみに、近衛天皇は法王の第九皇子でふたりともおなじ時代の人物ですから、ふたりのどちらが玉藻前に惑わされたとしてもおかしくはありません。

近衛天皇は久寿《きゅうじゅ》二年（一一五五年）七月に、たった十七歳の若さで病死しますが、奇妙なことに、父の鳥羽法王も翌年七月二日に五十七歳の若さで亡くなってしまいます。しかもおなじ七月です。これははたして偶然でしょうか？

物語によっては、晴明と九尾の狐の対決が中心になっていますが、鳥羽・近衛の時代は晴明の死後百五十年の時代ですから、晴明がそのときにいたということは考えにくい話です。

それもあって、物語によっては、晴明の子孫の泰成《やすなり》が正体を見破ることになっていますが、家系図では、泰成は泰親《やすちか》（後に陰陽頭《おんみょうのかみ》となり『天文変異記』を著わした実力者）の四男にあたりますが、陰陽師としては、これといって記録も残っていません。

年齢的にも、まだ二十代かそこらであったはずで、九尾の狐を相手にするには荷が重そうです。

近衛天皇の時代では、ちょうど晴明から五代後にあたる安倍泰親が、三十〜四十代にあたりますから、泰成ではなく泰親が戦ったと考えたほうが自然です。

もしくは、国の一大危機に晴明が霊となって現われたと考えたほうがいいかもしれませんね。

☆人を襲って食べる鬼はけがれた人間の化身か？

鬼とは何者なのか、はっきりとはわかりません。しかし、悪心を持った人間が鬼に姿を変える話が数々伝わっているところから、生きながら、人にあらざる者に変化した者たちと考えてよいのかもしれません。

鬼は人の住まなくなってしまった空屋に住み、人通りのない四つ辻や、橋の上で通りかかる人間を待ち、襲って食べたと伝えられています。

『今昔物語集』には、月夜の晩に内裏のなかにある宴の松原を通った三人の若い女のひとりが鬼に食い殺された話や、内裏の東庁で早朝から執務していた役人が血まみれになって殺された話がありますから、宮中といえども人けのない場所には鬼が現われたようです。

ほかには、鬼の住む空屋で逢引《あいびき》をして、祟られて死んだ女の話や、夫婦で東国から京に上がり、源融の生前の屋敷であり、空屋となっていた河原院《かわらのいん》に泊まったために、妻が鬼に命を吸い取られ、死んでしまった話などがあります。

ちなみに河原院は六条、万里小路《までのこうじ》東（現在の下京区五条通町下ルあたり）にあったため六条院とも呼ばれていた風雅な邸宅でしたが、もうひとつ有名な話があります。

源融の没後の延喜十七年（九一七年）、河原院は宇多法皇が譲り受けて住むのですが、深夜に「ここは私の家ですから住んでおりますが、法皇がいらっしゃるので畏《おそ》れ多くて気詰まりに存ずるので、いかがしたものかと思っております」と、源融の霊が現われていった。

それを法皇が「わしは人の家を奪ったおぼえはない。そちの子孫が献上したから住んでいるのじゃ。霊とはいえ何を道理もわきまえないことを申す！」と一喝して追い返した話も伝わっています。

しかし、源融が気の毒だったのか、法皇はあまり河原院を使うことはなく、承平元年（九六一年）七月十九日に亡くなってから、融の三男の仁康上人《にんこうしょうにん》が住むようになるまでは荒れ果てたまま捨て置かれていました。

紀貫之《きのつらゆき》が、あまりの荒れ果てぶりに嘆いて歌を残したぐらいですから、すさまじい荒れようだったのでしょう。

どれだけの年月、空屋だったのかは定かではありませんが、正暦二年（九九一年）には仏像が納められた記録がありますから、さきほどの妻が鬼に殺された話は、この三十年の期間の何年か、あるいは十数年のあいだのことだったのでしょう。

そして、この事件のあとで、河原院は鬼の住む家として有名になります。

晴明が四十～七十代と、まさに大陰陽師として評価が高かった時代の出来事ですから、もしかすると河原院の鬼たちを祓ったのは晴明だったのかもしれません。

☆一条戻橋の鬼女

一条戻橋《いちじょうもどりばし》の鬼女は、夜更けに美しい女の姿で橋のたもとに立ち、家まで送ってほしいといっては男を食い殺す恐ろしい鬼です。

『平家物語』では、源頼光の四天王といわれた武者、渡辺綱《わたなべのつな》（源綱）が、この鬼の右腕を切り落とし、その報告を受けた源頼光が晴明に相談をし、それに晴明が「鬼の祟りを避けるために綱には七日の間、物忌みをさせるように」と答えた話が伝わっています。

古くから京の入り口であった勢田橋《せたばし》の近くにも、おなじような鬼女が現われたという言い伝えがあります。

☆京都宇治に伝わる橋姫伝説

宇治《うじ》の橋姫《はしひめ》はもともと橋の守り神で、大化《たいか》二年（六四八年）に宇治橋がかけられるときに祀った瀬織津姫《せおりつひめ》（宇治川上流に住み、人の罪を海に流す神）で、宇治橋の下に住んでいたとされます。

お伽草子《とぎぞうし》『鉄輪《かなわ》』には、この橋姫にまつわる安倍晴明のエピソードがあります。山田左衛門《さえもん》という男の妻が、左衛門に愛人ができたのを怨み、貴船神社に「生きながら鬼となり、ふたりを殺したい」と祈願して鬼となります。

いっぽう、左衛門は不吉な夢を見たので、晴明を訪れて占ってもらうことにします。すると、鬼女に殺されるであろうと告げられます。

晴明によって物忌みをした左衛門は鬼から逃れますが、鬼女となった妻は、ならばとばかりに、あたりかまわず人間を殺しまわるようになります。

それを聞いた天皇は源頼光に退治を命じ、渡辺綱と坂田金時《さかたのきんとき》のふたりが宇治橋で鬼女と対決しますが、ふたりの強さに「自分を祀ってくれれば人間は襲わない」と約束し宇治川に飛びこんで消えてしまいます。

晴明がこれを占うと、左衛門の妻は、もともとは宇治橋に祀られていた橋姫が、人間に生まれ変わったものだとわかるのです。

橋姫を祀った橋姫神社は現在でも宇治市宇治蓮華に住吉大社と並んであります。

また、橋姫のほかにも水の精はいたようで『今昔物語集』では、かつて陽成《ようぜい》上皇の御所だった場所の池に出た水の精についてふれています。

毎晩のように顔をなでては池に消える化け物の正体を確かめようと、勇気のある人が必死で捕えて縄で家の欄干《らんかん》に縛りつけると、上下ともに浅黄色の衣を着た九十センチほどの老人だったのです。

その老人が「たらいに水を持ってきてくださらんか」というので、いわれたとおりにすると、老人は首を伸ばして、水に姿を映し「わしは水の精だ」といい、水のなかに老人の姿は溶けるように消えてしまったので、人びとは水を池に入れてあげたそうです。

☆晴明に正体を見破られた酒呑童子

酒呑童子は大江山に住む鬼で、数多くの人を殺して食ったり、貴族の姫君をさらったりして、都を荒らしまわった鬼です。『大江山絵詞《おおえやまえことば》』に描かれている内容によると、当初は何者の仕業か、まったくわかっていなかったようです。

その正体を言い当てたのが陰陽師・安倍晴明です。

一条天皇に呼び出されると、さっそく占い、「これは大江山に住む鬼の仕業です。このまま捨てておけば都はおろか、諸国にまで仇《あだ》なすこと間違いありません」と、陰陽道の力で酒呑童子の存在を明らかにします。

そこで天皇は、源頼光に酒呑童子の退治を命じます。頼光は渡辺綱ら四天王を連れて大江山に向かいます。

いっぽう晴明のほうは、式神や護法童子《ごほうどうじ》を京の都のあちこちに放ち、酒呑童子が都に入ってこれないように守りを固めます。

たったひとりで広い京のすべてを防衛していたのです。

そして、歯がみして悔しがる酒呑童子の前に、鬼の仲間のふりをした頼光たちが現われ、酒呑童子はだまされて毒酒を飲まされ、退治されてしまうのです。

では、なぜ晴明は防衛だけで、酒呑童子退治に自ら行こうとはしなかったのでしょうか。その理由のひとつには、晴明の年齢があるはずです。

酒呑童子が都を襲ったのは、一条天皇の時代のことですから、正暦元年（九九〇年）から正暦六年（九九五年）のあいだといわれています。

とすると、晴明はそのころ、六十九〜七十四歳です。単独で大江山に行くにしても、若い頼光たちとともに行動をするにしても、肉体的な負担が大きかったはずです。

もうひとつは、討伐部隊が派遣されているあいだ、もし酒呑童子が都に現われた場合の備えの問題だったのでしょう。広い平安京のどこに現われるかわからない酒呑童子相手に、武士の誰が守りきれるのかというと、誰もいません。

しかし、式神を自由に操る晴明なら可能です。

一条天皇は、そのふたつを考慮していたのかもしれません。

☆鬼どもが闇の都を練り歩く百鬼夜行

百鬼夜行《ひやつきやぎよう》とは、深夜零時から二時ごろにかけて、異形の妖怪たちが群れをなして都の大路を練り歩くことをいいます。

平安前期から中期までは、鬼が中心であったのに対して、平安後期では、ほとんどが杓子《しやくし》や銚子、杯《さかずき》など、日常使われていた道具が化けたものが中心です。

『大鏡《おおかがみ》』には、藤原師輔が百鬼夜行に遭遇したという記述があります。

また、深夜ではありませんが、『今昔物語集』には、藤原実資が内裏から帰る途中、大宮小路を南に下った場所で油瓶がぴょんぴょんと飛び跳ねながら、人の家に入っていくのを見た話があります。

さらに、土中に埋められた銅の提《ひさげ》（酒や水を注ぐヤカンや急須に似た入れ物）が、誰かに使ってもらいたがって、人間の姿になってさまよっていた話などがあります。

☆疫病や災厄の元凶、行疫神

行疫神《えやみのかみ》というのは、天で定められた予定にしたがって、この世にさまざまな病気を流行させるといわれてます。

『今昔物語集』には、かつて応天門放火事件の犯人として伊豆に流刑されて、十年後に同地で死去した大納言・伴善男《とものよしお》が行疫神となって現われた話があります。

変わった話なので少し長いですが、全文を紹介します。

〈今は昔。世間で咳《せき》のひどい病気が流行し、これにかからない人はなく、高貴な人から下々の人までが、これにかかりました。

と、ある屋敷で料理人をしている男がいまして、仕事をすべて終えて、午後十時ごろ、人びとが寝静まってから屋敷をあとにすると、門のところで宮中の正装とおぼしき赤い上衣に冠をかぶった、実に気高く、そして恐ろしそうな人に、ばったり出くわしました。

見たところ、高貴な雰囲気があり、誰かはわからないが身分の低い人ではなさそうなので、その人の前に膝をついてかしこまっていると、

「おまえは、わしのことを知っているか？」

といいます。

料理人が「存じあげません」と答えると、その人はまたいいます。

「わしは、その昔、この国にいた大納言・伴善男という者だ。伊豆国に流罪になって、とうの昔に死んだ。それが疫病を流行《はや》らせる神になっているのだ。

わしは心ならず天下国家に罪を犯し、重い罪を被ったとはいえ、国に仕えていたときは非常に恩を受けた。

だから、今年は世間に悪病が流行して、国の人間がみんな死んでしまうはずだったのだが、咳病ぐらいにとどめるようにしてやったのだ。

だから、世間で咳病が流行しているのだ。わしは、そのことを伝えようとして、こ

こに立っていたのだ。怖がらなくていい」

そういうと、かき消すように消えてしまいました。

料理人は、それを聞いて、こわごわと家へ帰ると、いろんな人に語り伝えました。それを聞いて、伴大納言が行疫神になったことを人びとは知りました。

とはいうものの、世の中にはいろんな人がいるというのに、どうしてこの料理人にそのことを話したのでしょう。それも何か理由があるのでしょうと、語り伝えています。〉(『今昔物語集』巻二七・第十二)

伴大納言は生前は才人と知られた人物ですが、無実の罪で流刑となり、流刑先で死んだので、怨霊となったとも伝えられています。

が、このエピソードを読むかぎりでは、伴大納言は死してもなお、国や国民に対しての愛情を持ちづつけていた忠臣ぶりしか伝わってきません。

伴大納言は自分が死んだあとに怨霊となって、京を祟っているという噂を気にして、あらぬ誤解を解いておきたかったのかもしれません。

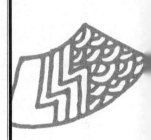

五之巻

陰陽道は国家最高機密のオカルティズムだ

陰陽道の秘法奥義を解き明かす

陰陽道とは いかなるものなのか

☆科学でありオカルトであった陰陽道

陰陽道《おんみょうどう》は紀元前の古代中国で発明、研究され、それが朝鮮半島を伝わって、いまから約千六百年前に日本にもたらされたとされています。

もともと、古代の日本でも占術は盛んに行なわれていましたし、その結果をもとに政治や経済、軍事などの政策決定が行なわれていました。

しかし、陰陽道のように「ひとつの現象や行為が何をもたらし、それが吉と出るか凶と出るか、もし凶なら防ぐ方法は何なのか？」を細部にわたって教えてくれるものではなかったのです。

ですから、当時の知識人たちは、まるで、いまでいうところの統計データを駆使したコンピュータ・シミュレーションのような陰陽道の占術に驚き、そのまま陰陽道は一気に日本の社会に広がったのです。

宇宙の構造を解き明かす陰陽五行論は思想として、また易学（占術）や暦道、天文道などは当時最新の科学技術として受け入れられたのです。

晴明の生きた平安時代になると、陰陽道は天皇や公卿、貴族たちの日常のすべてを支配するようになります。

その理由は、四之巻でも述べたように、平安京にうごめく恐ろしい悪鬼怨霊から身を守るために、陰陽道はなくてはならない技術だったからです。

占術という統計科学によって予測された未来に起きる不幸を、呪術というオカルトによって回避する。陰陽道とは科学であり、オカルトであったのです。

天・地・人の三要素で未来を占う占術

では、晴明《せいめい》たち陰陽師は、どのような術を会得し、披露していたのでしょうか？占術と呪術のふたつに分けて、そのすべてを紹介しましょう。

まず占術です。

占術は「天」の星の運行、「地」の方位、それに「人」の三要素を陰陽《いんよう》五行《ごぎょう》に分類し、その組み合わせを調べることで、対象の過去や現在、未来の状況を言い当てるものです。

☆式占＝陰陽道の代表的占術

式占《ちょくせん》は陰陽道を代表する占術で、天を表わした丸い盤（円盤）と、地を表わした正方形の盤（方盤）のふたつを重ねた式盤《ちょくばん》と呼ばれる道具を使うことから、そう呼ばれます。

占い方法には、太乙《たいおう》・雷公《らいこう》・遁甲《とんこう》・六壬《りくじん》があり、それぞれ専用の式盤を使って占われます。

残念ながら六種類の式占のうち太乙・雷公は、すでに失われてしまい、どのような内容だったのかは現代に伝わっておりません。

陰陽寮の陰陽師たちは六壬式盤《りくじんちょくばん》を使った六壬式占《りくじんちょくせん》を得意とし、怪事が起きたときの吉凶の意味を占いました。

晴明の編纂した『占事略決《せんじりゃくけつ》』には、この六壬式盤についての解説が細かに記されていますが、晴明自身は六壬式占よりも易占を好んだようです。

☆易占＝晴明がもっとも好んだ占術

易占《えきせん》は八卦《はっけ》とも呼ばれ、乾《けん》・兌《だ》・離《り》・震《しん》・巽《そん》・坎《かん》・艮《ごん》・坤《こん》の要素に万物を分け、天を意味する五十本の筮竹《ぜいちく》と、地を意味する算木《さんぎ》を使ってする占いです。

晴明が、易占に使う算木を使って術をかけ、殿上人を笑わせつづけた話は三之巻で述べました。

晴明が六壬式占ではなく易占を好んだのには、占術と呪術の両方で使えて効率がよかったのと、式盤と違って場所をとらず、袂《たもと》に入れていつも携行できたからなのでしょう。

☆暦占＝複雑で解釈がとても難しい

中国から伝わった暦。これは月の運行をもとに一年を十二の月に分けた大陰暦を指しますが、いまでいう日付を知るためのカレンダーとは意味あいが違います。

暦は吉凶を知るためのマニュアルなのです。

その年の吉凶、その月の吉凶、その日の吉凶がすべて記され、何かをするときにそれを見ながら吉日を選ぶことを暦占《れきせん》といいます。平安時代の貴族は外出や食事の内容、結婚や出産、すべての行動を暦占に従っていました。

暦は中国でつくられたものを使いながら、陰陽寮の暦博士が日本の実情にあった内容に少しずつ手を加えていきました。

暦の内容は実に複雑で解釈が難しかったので、貴族たちは何かしようと思うごとに陰陽師に相談していました。晴明もまた藤原実資《ふじわらのさねすけ》や道長《みちなが》に呼ばれては意見を述べています。

また、暦占には、その年一年間の自分の運勢の吉凶を知るための九曜占というのもあります。

人の運勢は、日曜星・月曜星・羅睺星《らごうせい》・土曜星・水曜星・金曜星・火曜星・計都《けいと》星《せい》・木曜星の九つの星が順番で一年ごとに支配していて、日曜星はすべてが順調な年、月曜星は控えめにすべき年など、一年の自分の指針をさぐる占いです。

☆方位占＝神のいる方位で吉凶を占う

方位占《ほういせん》には、その年ごとの吉凶と、自分の年齢ごとの吉凶の二種類があります。

前者は、八将神《はっしょうじん》という八人の異なったことを司る神が毎年それぞれ、どこかの方位に立っているので、災いを与える神を避け、吉を招く神に向かって行事を執り行なうための占いです。

後者は、まず十年周期で一年ごとに変わる本命殺の方位。この方位に向かって何かを行なえば恐ろしい祟りに見舞われるとされています。

それと十二日を一周期とした指神。これは一日ごとの方位で、自分に不利になる方位を意味します。

逆に自分の家を訪ねて来た人間を占うのを見通占《みとおしせん》といいます。来客のやってきた方位とその日の干支《えと》から、訪ねてきた人間の性格や用件を当てるもので、天社土御門《てんしゃつちみかど》神社に、いまもその秘伝は伝わっています。

☆命占＝生まれた年から命運を占う

命占《みょうせん》には納音占《なっちんせん》と十二支占《じゅうにしせん》があります。

納音占は、生まれた年・月・日・時の四つの干支ごとに五行の属性を出し、その組み合わせによって、その人の持って生まれた性格を言い当てる占いです。

いわば、持って生まれた運命がどういう傾向にあるのか、潜在的な運命を探るための占いなのです。

十二支占は、それぞれの生まれた年の干支を調べることで、自分を守護する仏様を知るもので、また自分の前世から引きずっている運命を知るための占いでもあります。

☆地相占＝いまでも家を建てるときに行なわれている

平安京を建設するにあたって、桓武天皇が行なったのが地相占《ちそうせん》で、古来から都市や建物を建てる際に行なわれていました。現在でも家を建てるときに行なわれている地鎮祭《じちんさい》もまた陰陽道の儀式です。

地相占は、単なる土地の方位の吉凶ではなく、土地の高低や環境、そしてまた住む者の五行の属性からの吉凶を占うものです。

☆家相占＝家の形に出来事の因果関係を求める

家は人の日常生活の起点ということから、そこに住む者にとっての宇宙の中心であると考えられています。

それだけに、日常起こるすべての吉凶の原因は、家の形（家相）と因果関係があるとし、陰陽五行論をもって、それを解明したものが家相占《かそうせん》です。渾天易盤《こんてんえきばん》を家の中心に置いて占います。

呪術は怨霊の魂を鎮めるのが最大の目的

陰陽道の呪術は、恐ろしい怨霊を鎮めることを最大の目的としています。

そして、それは密教や修験道、道教の呪術を吸収することで発展し、まさに最強の呪術として平安時代に君臨したのです。

☆式神＝陰陽師が自らの手足として自由に使える

式神《しきがみ》とは陰陽師が呪文で呼び出し、自分の手足として使う鬼神です。

晴明は十二《じゅうに》神将《しんしょう》と呼ばれる十二種類の式神を自由に操ったと伝えられています。

『不《ふ》動《どう》利《り》益《えき》縁《えん》起《ぎ》』や『泣《な》不《き》動《ふ》縁《どうえん》起《ぎ》』に、それらしき式神の姿があります。疫病神を鎮めようと呪文を唱える晴明の後ろにいる、赤い鬼神と緑の鬼神です。十二神将のいず

晴明神社の式神石像。式神は陰陽師の手足となって邪気封じのさまざまな働きをする。

れかなのでしょう。

晴明が使う式神については三之巻でも詳しく説明しましたが、式神は何も陰陽師だけのものではありません。古くは修験道の開祖・役行者《えんのぎょうじゃ》が前鬼《ぜんき》と後鬼《こうき》という式神を、また、飛鳥時代には藤原千方《ちかた》という謎の男が、金鬼、風鬼、水鬼、隠形鬼《おんぎょうき》という名前の式神を使ったと伝えられています。

藤原千方は式神を使って大軍を一瞬にして葬りましたが、後には式神が離れてしまい、そのおかげで滅びています。

式神と呼び出す側（術者）のあいだには何らかの契約があって、千方がそれを破ったか、もしくは千方の力が弱くなったので、式神が服従するのをやめたか、それとも式神を使う呪文を破られたのか、この三つのどれかが起こったと考えられます。

晴明も含めて、彼らの使った式神は異界の鬼神中の鬼神で、それだけに強い神通力を持っていたのでしょう。

それに対して、智徳《ちとく》法師が使っていた大柑子《だいこうじ》を使った式神は植物の精霊で、とりたてて神通力も持っていなかったと考えられます。

このほか、紙や木片に命を吹きこんで使う式神もあります。晴明はセーマン印を朱筆で記した紙に呪文を唱え、鳥や動物、はては人間にまで変化させて使ったそうです。

これらの式神は命令された仕事を終えた瞬間、元の紙や木に戻りましたから、使えるのは単純な命令に限られました。そのひとつが呪詛《じゅそ》としての使われ方です。

☆蠱毒＝虫や動物を式神として使う呪殺兵器

蠱毒《こどく》は、虫や動物を使ってつくられる呪殺用の式神です。

生物の怨念を利用して、人為的に祟《たた》りを起こして呪う相手を殺すのです。

大きな瓶のなかに蛇やムカデなどを入れ、たがいに殺しあいをさせ、そのなかで生き残った生物に呪文をかけてつくるのが蠱毒です。

その殺しあいが凄惨《せいさん》であればあるほど、蠱毒としての力は強くなります。

また、生命力の強い生物を虐待しつづけ、その怨念を高めて蠱毒とする方法もあります。生物の殺意と怨念を呪う相手に向けて、その力を借りて呪殺するのです。

つまり、蠱毒とは呪殺兵器なのです。

『宇《う》治拾遺《じじゅうい》物語《ものがたり》』には蠱毒のエピソードがあります。ある陰陽師が、蔵人《くろうど》少将が烏《からす》に糞をかけられるのを見るのですが、それはただの烏ではなく式神（蠱毒）であると見抜くのです。

蠱毒の恐ろしいのは、鬼やもののけのような異形の生き物ではなく、ふだん身のまわりにいる虫や獣だから、普通の人間には呪詛をかけられたかどうかわからないところにあります。

呪詛をかけられた少将は、陰陽師が一晩のあいだ加持祈祷《かじきとう》することで守られ、その代わりに呪詛をかけた陰陽師が死んでしまいます。式神（蠱毒）による呪殺は、失敗すれば呪いはかけた人間に戻ってくるのです。

兵器として使われた怨念は、誰かの命を奪うまでは消えないのです。

☆人形＝人形を人に見立てて行なう呪術

紙や木で人の形をつくったものを人形《ひとがた》といいます。用途は二種類あります。

ひとつは人についたけがれを移す。

人についた鬼や怨念を、その人に見立てた人形に移し、祟りの矛先をそらすのです。身代わりとなった人形は、祈祷をしたうえで川に流されました。これは、けがれを水で清めて遠い異界に送り出すことを意味しているのです。

もうひとつは呪殺です。

木や紙、それに藁《わら》で編んでつくった人形を傷つけることで憎い相手を殺すのです。相手の爪や髪など、体の一部や持ち物などを使ったり、人形に呪文を書くことで相手の魂が人形に移り、それを相手に見立てて殺すことで呪殺は完了するのです。

いまもつづく丑《うし》の刻参《こくまい》りもまた、人形を使った呪殺のひとつです。

☆反閇＝凶を踏み抜き、吉を呼びこむ歩行呪術

反閇《へんぱい》は、右足と左足の出し方、また一定の歩数ごとに唱える呪文などの組み合わせで表現される術で、歩行呪術の一種です。

天皇や高貴な人が外出するときの道中に鬼やもののけ、怨霊が現われるのを防ぐために、たびたび晴明はこの術を使ったのです。

『権記《ごんき》』には、晴明が長徳《ちょうとく》三年（九九七年）六月二十二日、それと長保《ちょうほう》二年（一〇〇〇年）十月十一日に一条天皇のために、また、寛弘《かんこう》二年（一〇〇五年）三月八日に中《ちゅう》宮彰子《ぐうしょうし》のために行なったという記述があります。

☆方忌み＝凶の方向に対してひたすらじっと待つ

方忌《かたい》みは、占術の項の方位占で知った凶方から身を避けることをいいます。

凶となる方向に対しては、何もせずにじっとし、方位が吉と変わるまで待つのです。

そして、陰陽師は依頼者を凶方から身を守るために、護符を与える場合もあります。

☆方違え＝吉の方向にまわり道して行く

方忌みは凶となる方向へ行かないのがすべてですが、しかし、どうしても凶方に行かなくてはならないこともあります。そんなときに行なうのが方違《かたたが》えです。

簡単にいうと、凶方である目的地に行くのに、吉とする方角を使って迂回《うかい》を重ねることです。そのために、ほんの半日で行ける距離を一週間かけて行ったりすることも少なくありません。

そして陰陽師の仕事とは、その安全なルートを設定し、依頼者を導くことなのです。

☆物忌み＝凶の日はじっと家に閉じこもる

物忌《ものい》みとは、暦で凶日とされた日や、不吉な予兆があったときに、門を閉ざして家に閉じこもり、凶事からその身をかわすことです。

物忌みの期間は一日であったり、数日だったり、数週間、ときには数年におよぶ場合もあります。

陰陽師は天の運行や暦によって期間を判断し、どのような形で物忌みを行なうべきかをアドバイスしたり、必要な呪術を授けるのが仕事でした。

三之巻で紹介した、藤原道長が早生《わせ》の瓜《うり》を食していいのかどうか晴明に尋ねるエピソードなど、アドバイスの例のひとつです。

☆祓い＝けがれを祓うための儀式

物忌みが不幸が通りすぎるのをじっと待つという消極的防御なのに対して、祓《はら》いは積極的な防御策です。呪詛や怨霊、鬼やもののけ、怪事に凶兆など、あらゆることを対象に行なわれます。

祓いには、単純に呪文を唱えるだけのものもあれば、呪《じゅ》符《ふ》や呪《じゅ》具《ぐ》を必要とするものも、また大がかりな祭壇を用意した儀式まで、実にさまざまな方法があります。

現代でも伝わっている七種粥《ななくさがゆ》を食べたり、三月三日の桃の節句なども、もともとは、けがれを祓うための儀式でした。節分の豆まきにしても、もともとは追儺会《ついなえ》という疫病を祓うための儀式だったのです。

個人単位を厄落《やくお》とし、家単位を煤払《すすはら》いと呼び、そして、国家のけがれを祓うための儀式のことは大祓《おおはらえ》と呼びました。大祓は年に二回行なわれました。

また、内裏《だいり》のなかから疫神を追い出すための儀式を四角祭《しかくさい》、京に疫神《えきがみ》が入ってこれないように結界を張る儀式を四堺祭《しかいさい》と呼びます。このふたつは同時に行なわれることが多かったので、四角四堺祭《しかくしかいさい》ともいいます。

☆泰山府君祭＝命を取り替える秘術中の秘術

陰陽道の秘術中の秘術が泰山府君祭《たいざんふくんさい》です。

泰山府君とは人間の生死を司っている神で、晴明は陰陽道の最高神として祀っていました。

そして、泰山府君祭とは死んだ人間の魂を肉体へ呼び戻したり、寿命で死にかけている人間の命を延ばす儀式なのです。

しかし、これには代わりに命を落とす人間が必要とされました。

つまり、特別な祈祷で死にかかっている人と元気な人間の命とを取り替えてしまうのです。それだけに、泰山府君祭は宮中の秘密儀式とされ、一般には秘密とされました。

『今昔物語集《こんじゃくものがたりしゅう》』巻第十九第二十四には、病気となった高僧が臨終となったときに晴明が、「誰か弟子で自分の命を捨てても師を助けたい者がいるなら、泰山府君祭を行なってみるが」といい、そのおかげで師の命が延びたばかりではなく、本来であれば死ぬはずの弟子も助かるというエピソードがあります。

史実のうえでは、晴明は長保《ちょうほう》四年（一〇〇二年）十一月九日に、藤原行成《ゆきなり》の依頼で泰山府君祭を行なっています。

呪符の謎を解き明かす

☆五芒星＝弾よけのまじないとして日本陸軍も使った

陰陽道では、五芒星《ごぼうせい》は魔除けの呪符として伝えられています。

この呪符はセーマン印、もしくは晴明桔梗印《せいめいききょういん》と呼ばれています。ネーミングでわかるとおり、五芒星のセーマン印は安倍晴明が生みの親とされています。

セーマン印は旧日本陸軍の軍服の階級章の星マークとして使われていましたが、これは偶然の一致ではなく、魔除けのセーマン印を敵の弾除け（多魔除け）として採用していたのです。

この五芒星こそ、陰陽道の基本概念となった陰陽五行説の五行、木《もっ》・火《か》・土《ど》・金《ごん》・

五芒星

五行相剋図

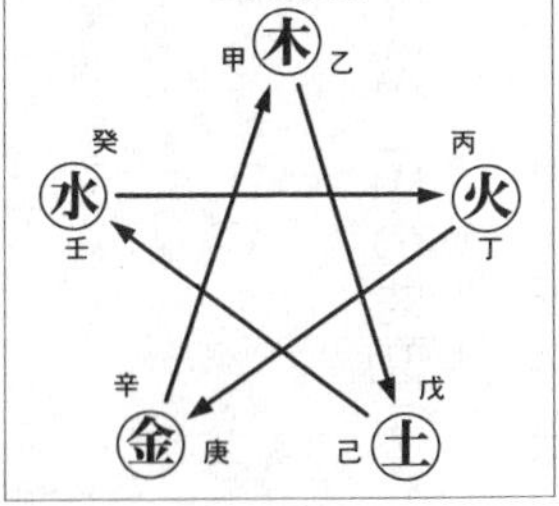

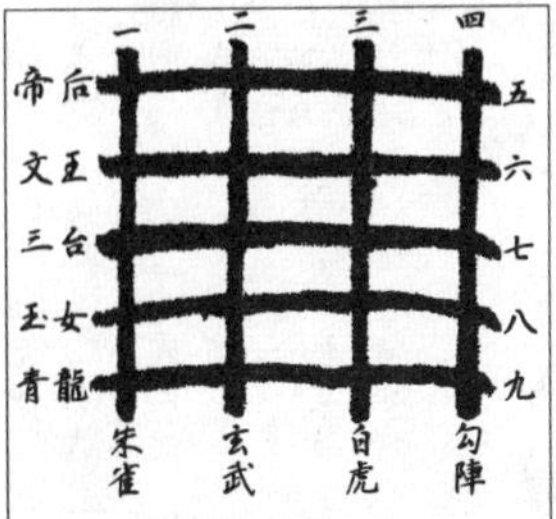

ドーマン符

太極図

水《すい》の五つの元素の働きのモデルのうち、相剋《そうこく》を表わしたものなのです。

木は土の養分を吸って成長するから、土に剋ち《か》（勝ち）、土は土塁を築いて水を堰《せき》止《と》めるから水に剋ち、水は火を消すから火に剋ち、火は金属を溶かすから金に剋ち、金属は木を切るから木に剋つ。これが相剋です。

それを表わした図形が、日本ではいつのまにか魔除けの呪符となっていたというわけです。陰陽道の本家、中国ではまったくありえないことです。

では、どうしてセーマン印が魔除けとして使われるようになったのでしょうか？

おそらく、家紋として晴明が五芒星を使っていて、さしもの鬼も晴明だけは苦手だったから、このマークを持つ者は襲わなかったのでしょう。

つまり、自分を晴明に見立てることによって、災厄を遠ざけようと使われていましたが、あまりの効果のすごさに、いつしか見立ての意味は失われ、魔除けとして伝わるようになったのではないでしょうか。

☆九星九宮＝陰と陽の対立するものがそろって完全となる

これに対して交差する横五本、縦四本の直線は九星九宮《きゅうせいきゅうきゅう》、通称九字《くじ》と呼ばれ、陰陽道、修験道《しゅげんどう》、兵法ともに最強を意味しています。

通称ドーマン符と呼ばれる九字は、修験道では「臨《りん》・兵《ぴょう》・闘《とう》・者《しゃ》・皆《かい》・陳《ちん》・列《れつ》・在《ざい》・前《ぜん》」という九文字を唱える魔除けの呪文を表わした呪符であり、青竜《せいりゅう》・白虎《びゃっこ》・朱雀《すざく》・玄武《げんぶ》・空陳《くうちん》・南斗《なんと》・北斗《ほくと》・三台《さんだい》・玉女《ぎょくにょ》を表わした呪符でもあります。

その原形は中国の神仙道にあるのですが、日本では蘆屋道満《あしやどうまん》に由来する摩除けの呪符として、また、蘆屋道満生没の地の播磨国《はりまのくに》（いまの兵庫県）では家紋として伝わっています。

ところで、呪符のなかにはセーマン印とドーマン印の両方を記したものもありますが、これはどういうことなのでしょう？

陰陽道が陰陽五行の上に成り立ち、その五行については説明しました。この五行の上にくるのが陰陽二元です。

万物はふたつの対立する要素から成り立ち、それを陰と陽という言葉で表わします。

陰陽は太極といわれる混沌、またの名を神の領域から生まれます。

天と地、男と女、光と影のように、この世のすべてのものはふたつに分けられ、その両方がそろって完全となるのです。すなわちそれは太極にあったときの形に戻れるということです。

もしかすると、道満を陰、晴明を陽に見立てることで、陰陽道における太極を表わし、それによって究極の力を引き出そうと、後の時代の人たちは考えたのかもしれません。

六之巻

陰陽寮は平安時代の科学技術庁

国家の命運を握るエリート官僚、陰陽寮の正体

陰陽寮は天皇直結のテクノクラート

☆陰陽寮は中務省に属する技術官僚

陰陽寮《おんみようりよう》は国史『日本書紀』の六七五年一月一日に陰陽寮の名前が出てくるのが、もっとも古い記録であること、天武《てんむ》天皇が陰陽道《おんみようどう》に精通した天皇であったことから、天武天皇の時代につくられたといわれています。

陰陽寮は、中務省《なかつかさしよう》に所属する役所です。

ここに所属する陰陽師には、まず事務官としては、頭《かみ》、助《すけ》、允《じよう》、大属《たいさかん》、少属《しようさかん》（各一名）があり、頭は陰陽寮の長官、助は次官を意味します。

そして、技官として、陰陽博士《おんみようのはかせ》（一名）、暦博士《りやくのはかせ》（一名）、天文博士《てんもんのはかせ》（一名）、漏《ろう》

刻博士《こくのはかせ》（二名）、陰陽師（六名）が置かれ、博士職にある者はそれぞれの部門を学ぶ学生たちの指導にもあたります。

陰陽寮には、学生として陰陽道、暦道、天文道に各十名ずつ所属しています。

成績優秀者は得業生《とくごうしょう》と呼ばれ、まず得業生となることが陰陽師として認められる方法でもありました。得業生は陰陽道に三名、暦に二名、天文に二名と定められています。

このほかに漏刻博士の下で、漏刻の示す時間に従って時を告げる鐘（鐘鼓《しょうこ》）を交代で打つ守辰丁《しゅしんちょう》が二十名と、雑役係として使部《しぶ》二十名、直丁《じきちょう》二名が下級役人として置かれていました。

☆陰陽寮誕生の秘密

なぜ、天武天皇は陰陽寮を設置し、陰陽師を国の役人とし、民間の陰陽師を禁じたのでしょうか？

それは天武天皇が陰陽道を、そして陰陽師の力を恐れたからです。

天智《てんち》天皇亡きあと、弟の大海人皇子《おおあまのおうじ》と、子の大友皇子《おおとものおうじ》のあいだでどちらが皇位につくかをめぐって武力対立がありました。六七二年の壬申《じんしん》の乱です。

大海人皇子は東国から兵を集めて、近江の地に弘文《こうぶん》天皇として即位した大友皇子に反乱を起こして倒し、飛鳥浄御原宮《あすかきよみはらぐう》で天皇に即位して天武天皇を名乗ります。

この天武天皇の勝利の裏側に、実は陰陽道の力があったのです。

『日本書紀』には、大友皇子を倒すために兵をあげたとき、天に黒雲が広がり、その意味するところを式盤《ちょくばん》で占い、「これはまさしく天下が二分される兆しだ。しかし、最後には私が天下をとることになっている」といったとするエピソードが記されています。

天武天皇は、陰陽道により天命を受けて天下を奪ったのです。だからこそ、いつかおなじように陰陽道を使って自分が倒されるかもしれないと恐れたのです。

そこで、すべての陰陽師を自分の配下に置き、陰陽道の技術を独占することで解決をはかったのです。

☆政治機構としての陰陽寮の役割

陰陽寮の仕事は四つの部門に分けられています。

陰陽道……陰陽五行論《いんようごぎょうろん》による占術と呪術。
天文道……天体運行を観測し、天の法則を陰陽五行論をもとに解析し、吉凶を予測する。
暦道……方位や時間に関する吉凶を占う。
漏刻……時間を定め、それを伝える。

行なわれる仕事にはそれぞれの部門ごとに占い、日時・方角・御忌《ぎょき》等の勘中祭《かんじんさい》がありますが、祓《はら》いについては陰陽道、造暦《ぞうれき》については暦道、天文密奏《てんもんみつそう》については天文道というように各部門ごとに専権事項《せんけんじこう》があります。

造暦とは、中国から伝わった暦を日本の実情に合うようにすることで、天文密奏は天体の星の動きを観測し、異変の兆しがあった場合に報告する仕事です。いずれも国家や天皇の吉凶を占い、ひとたび凶の兆しがあれば、陰陽頭はそれを上奏するのです。

現代の感覚でいうなら、暦道は暦によって天候を管理し、その年の農業予測や政策を作成しますから農水省にあたり、天文道は天体や天候を観測し、天変地異を事前予知するから科学技術庁と国土庁、漏刻は水時計で宮中や天皇の時間とスケジュールを管理するから総務庁というところかもしれません。

国家の政策指針のすべては陰陽寮の陰陽師たちによってつくられていたといっても過言ではありません。

陰陽師とは平安時代の偉大な技術官僚（テクノクラート）であり、平安時代の陰陽道とは、いまの私たちが思う以上に、実は高度な科学技術だったのです。

それだけに、陰陽道を一般の人間が学ぶことは固く禁じられていました。悪用を恐れたのです。

陰陽道に関する本や道具はすべて陰陽寮が管理し、私有は禁じられ、陰陽寮に所属する陰陽師以外は読むことも触れることも許されません。無断で読んだ場合は法律で罰せられたのです。

ちなみに、『吾妻鑑《あづまかがみ》』には、陰陽寮の陰陽師が公務としていた祭儀の一覧が記されています。それを紹介しましょう。

☆一、無病息災および延命長寿祈願

怨霊や鬼、もののけなどの祟《たた》りを祓《はら》ったり、天皇の長寿祈願に関係した儀式としては、つぎのようなものがあります。

a、泰山府君祭《たいざんふくんさい》
森羅万象を司る神に国家や天皇の安泰と長寿を祈る儀式。陰陽寮最大の秘術とされ、民間には伝えられることはありませんでした。

b、鬼気祭《ききさい》
土地から鬼を祓うための儀式です。

c、天曺地府祭《てんちゆうちふさい》
ひとりの天皇につき、一度しか行なうことのできない儀式で、天皇の延命を天に願い出る儀式ともいわれています。

d、三万六千神祭《さんまんろくせんしんさい》

e、百怪祭《ひやつけさい》

f、呪詛祭《ずそさい》

g、霊気祭《れいきさい》

h、招魂祭《しようこんさい》

i、鷺祭《さぎさい》

j、痢病祭《りびようさい》

k、疫神祭《えきがみさい》

これらは、いずれも邪気を祓うための儀式です。

☆二、自然災厄に対しての祈願

天を司る星の神を地に降ろし、それを祀《まつ》って福を呼び災厄を避けるための儀式としては、つぎのようなものがあります。

a、天地災変祭《てんちさいへんさい》
b、属 星祭《しょくしょうさい》
c、歳星祭
d、太白星祭
e、大将軍祭
f、日曜祭
g、月曜祭
h、地震祭
i、鎮星祭
j、代厄祭《だいやくさい》

k、羅睺祭《らごうさい》
l、大歳八神祭《たいさいはっしんさい》
m、土曜祭
n、木曜祭
o、計都星祭
p、北斗祭
q、水曜祭
r、夢祭

これらは天文博士が、天体を観測した際に凶兆を見せた星から災いを封じたり、季節を支配する星に、その季節の安泰を祈って行なう天文道に属する儀式です。いわば、安倍晴明の専門分野です。

☆三、安宅祈願

大地や建物に関する儀式としては、つぎのようなものがあります。

a、土公祭《どこうさい》

b、宅鎮祭
c、石鎮祭
d、防解火災祭
e、堂鎮祭
f、廏鎮祭《きゅうちんさい》
g、西岳真人祭《せいがくしんじんさい》
h、七十二星祭
i、大鎮祭
j、拝謝祭
k、竈祭《かまどさい》

いずれも土地についた神々や精霊に、建物を建てることの許しを得たり、鬼を封じ、土地を人間の領域とするために結界を張るなどの儀式です。

このうち、西岳真人祭は秘術中の秘術でしたが、現在には伝わっていません。

☆四、祓い

天変地異を司る自然神を鎮めるための儀式としては、つぎのようなものがあります。

a、七瀬祓《ななせのはらえ》
b、四角四堺祭《しかくしかいさい》
四角は内裏の四隅、四堺は平安京の四隅で、もともとは別々の儀式だったふたつを同時に行なうことで、京を邪気から完全に封じるとされていました。
c、風伯祭《ふうはくさい》
d、井霊祭
e、雷神祭
f、霊気道断祭《れいきどうだんさい》
g、霊所祭
h、五龍祭《ごりゆうさい》
晴明のいた時代に神泉苑《しんせんえん》でしばしば行なわれた雨請いの儀式で、晴明によって雨がもたらされたと記録にも残されています。

これらは、大風、日照り、大雨、雷などの自然災害の被害を抑えるための儀式で、吉日を選んでいずれも盛大に行なわれました。

いまも伝わる祇園祭《ぎおんまつり》や葵祭《あおいまつり》も、こういった国家的儀式が民間信仰として伝えつづけられたものだとされています。

☆陰陽師の社会的地位はどのようなものだったか

さて、国家の指針をも決める力を持っていた陰陽寮の陰陽師たちですが、宮中での地位はどうだったのでしょうか？

晴明が陰陽寮で天文博士だったときの官位は正七位下です。

正一位から正二位、正三位、従三位までが上級役人といわれ、正一位では朝廷から従者を百名、従三位で六十名与えられ、天皇の執務室である清涼殿《せいりょうでん》への立ち入りが許された殿上人であったのとくらべると、正七位下は天皇に召し出されても清涼殿への昇殿が許されない地下人と呼ばれる下級役人にすぎません。

陰陽寮長官の陰陽頭《おんみようのかみ》でも正四位でしたから、陰陽師の地位は、その仕事の内容に対しては低かったとも考えられますが、けっしてそうではありませんというのも、従三位以上の上級役人の地位は貴族に独占されていたからです。つまり、貴族の一員にならないかぎり、役人としての出世は正四位が最高位なのです。

さて、宮中の身分としては低い陰陽師ですが、それに対して社会的な地位は高く、京の人びとの尊敬を一身に集めていました。

御霊会《ごりょうえ》や五龍祭などの大規模な国家的イベントで祭壇に立つ陰陽師の姿は、遠くからではありますが、一般の人間の目に触れもしたのです。

雲の上の身分の貴族さえも、陰陽師の前で神妙な姿をしているのですから、尊敬を集めないはずがありません。

実は、陰陽道を一般の者が学ぶことを朝廷が禁じていた平安時代でも、隠れて陰陽道を学ぶ人間は後を絶たず、隠れ陰陽師と呼ばれる陰陽師が多数存在していました。

また密教や修験道のなかには陰陽道の技術を取り入れ、僧侶の姿で陰陽道の術を使う陰陽法師なる者もいたのです。

智徳《ちとく》法師や蘆屋道満《あしやどうまん》（道摩法師）などは、陰陽寮の記録に名前は残されていないようですから、陰陽法師であったのでしょう。

本来は違法なこれらの陰陽師に対して、安倍晴明などの陰陽寮に所属した陰陽師は、国家が公認した唯一の陰陽師集団なのです。

能力、技術とも国家の折り紙つきの一流陰陽師でしたから、宮中の身分がいかに低くとも、社会的地位は実に高かったのです。

☆晴明が陰陽頭になれなかった理由とは？

大陰陽師といわれた晴明ですが、では、どうして陰陽頭になれなかったのでしょう？

それには賀茂忠行《かものただゆき》の子・保憲《やすのり》の存在があげられます。

保憲は晴明よりも四歳年上で、父・忠行の下で陰陽師としての修行をし、貞観《じょうがん》二年（九七七年）に六十歳で亡くなるまでに主計頭《かずえのかみ》、暦博士を経て陰陽頭、天文博士となり、身分は従四位下まで行きました。

保憲もまた優秀な陰陽師であり、また、賀茂家は陰陽師として古い歴史を持った家柄ですから、おなじ時期にどちらを陰陽頭に選ぶかとなると、政治的にいって保憲のほうが有利です。

後年、保憲が晴明に天文道を譲ったのも、実力に秀でていた晴明が陰陽頭になれなかったことに対して、なんらかの思いがあってのことと考えられます。

そのおかげで、安倍家は単なる賀茂家の弟子ではなく、天文道の宗家として、陰陽寮のなかでは賀茂家と並ぶ立場を手に入れるのです。

晴明の子の吉昌《よしまさ》が長保《ちょうほう》六年（一〇〇四年）に陰陽頭になるのも、賀茂家と並んでいたからこそなのです。

では、保憲がいなかったら、晴明は陰陽頭になれたといえるのでしょうか？

それも難しかったかもしれません。

忠行は晴明の力を評価していたからこそ、もしも、晴明を後継者に選び、陰陽頭にしたなら、陰陽道の宗家としての地位は賀茂家から安倍家に奪われてしまうだろうと思っていたはずです。

弟子として可愛がることと、後継者として選ぶことは別の問題です。

しかし、保憲は別です。

おなじ時期に陰陽師として生き、四歳下の晴明の実力を誰よりもよく知っていた保憲は、自分が陰陽頭として晴明の上に立っている理由と背景を理解していたのかもしれません。

☆保憲が下した決断の意味

保憲は晴明の才能を惜しんだのでしょう。そして、賀茂家がすべてを世襲することで、陰陽道が衰えていくことを恐れたのではないでしょうか？

賀茂家と安倍家とで、陰陽頭の地位をめぐって切磋琢磨《せっさたくま》することで、陰陽道のさらなる発展を保憲は願っていたのではないでしょうか？

晴明を意識することで、自分が陰陽師として成長したように、自分の子たちも競うことで力をつけてほしかった。

それが、保憲が晴明に天文道を譲り渡した本当の理由だったのかもしれません。

そう考えてみると、実に度量の大きな、真に陰陽道の発展を願っていた公平無私な人物として、賀茂保憲の姿が浮かび上がってきます。

その後、保憲が願っていたように賀茂家と安倍家が陰陽頭の座をめぐって競い、晴明や保憲の孫の世代には、安倍家は実力のある陰陽師を多数、輩出します。

七之巻

魅力あふれるバイプレーヤーたち

晴明を取り巻く人物群像

晴明の家族はどんな人間だったのか

☆晴明のふたりの息子たち

安倍晴明《あべのせいめい》には、ふたりの息子がいます。
吉平《よしひら》と吉昌《よしまさ》です。

残念ながら、このふたりを生んだ妻については何も記録は残っていません。

しかし、吉平の出生が天暦《てんりゃく》八年（九五四年）ですから、晴明の結婚した年齢は三十四歳以前とわかります。

また、『中右記《ちゅうゆうき》』の嘉保《かほう》元年（一〇九四年）十一月二日の記述に、天徳《てんとく》四年（九六〇年）に晴明が天文得業生《てんもんとくごうしょう》であったとあります。

天文得業生とは陰陽寮《おんみようりよう》で天文を学ぶ学生十名のなかから、二名だけが選ばれる優秀者のあかしで、このあと、さらに長い年月行《ぎよう》を積んで陰陽師《おんみようじ》を名のれるようになります。

ですから、結婚して吉平が生まれたころの晴明は、世間的にはまだあまり知られていなかった可能性は高いはずです。となると、晴明の妻は貴族の娘などではなく、身分的には低かったのではないかとも考えられますが、実際のところはまったくわかりません。

さて、晴明のふたりの息子たちですが、陰陽師として父親の名前におよばなかったものの、それぞれ晴明の代ではできなかったことをやってみせています。

それぞれを紹介しましょう。

☆ちょっとさえなかった？　長男・安倍吉平

天暦八年（九五四年）に晴明の長男として生まれ、記録によれば陰陽得業生から陰《おん》陽博士《みようのはかせ》、陰陽助《すけ》（陰陽寮の次官）までなり、官位は従四位、つまり父の晴明よりも宮中の役人として位は上までいったのです。

吉平は、賀茂光栄《かものみつよし》と並ぶ陰陽師として父・晴明の亡き後は、藤原道長《ふじわらのみちなが》や天皇家の陰陽師として、たびたび召し出されていたようです。

長和《ちょうわ》二年（一〇一三年）には藤原実資《さねすけ》の屋敷で泰山府君祭《たいざんふくんさい》を行ない、寛仁《かんにん》二年（一〇一八年）六月には、日照りを止め、雨を呼ぶために神泉苑《しんせんえん》で五龍祭《ごりゅうさい》を行ないましたが、雷は鳴れども雨を呼ぶことはできなかった不名誉な記録も残されています。

万寿《まんじゅ》三年（一〇二六年）に没しています。

☆晴明もなれなかった陰陽頭になった次男・安倍吉昌

吉昌の生年は伝わっていません。晴明の次男として生まれ、賀茂保憲《かものやすのり》に可愛がられたと伝えられています。どうやら、感受性が豊かなうえに向学心が強かったようで、保憲が天文得業生に推薦したようです。

早々と天文博士まで上がり、長保《ちょうほう》六年（一〇〇四年）には、父の晴明もなれなかった陰陽頭になっています。

吉平と二歳違いだとして、四十九歳で陰陽寮の長官ですから、スピード出世といってよいでしょう。しかも、この年には晴明はまだ生きています。

自分のなれなかった陰陽頭に、息子がついたことをどれほど晴明は喜んだでしょう。その光景が目に浮かぶようです。

晴明が没した翌年には但馬守《たじまのかみ》を兼任し、長和四年（一〇一五年）には、正五位下の官位を受けますが、早くも四年後の寛仁三年に没します。

☆名門の陰陽師一族誕生！

陰陽師としての名声を抜きにすれば、吉平は従四位という官位で、吉昌は陰陽頭という役職で父・晴明を超えています。

残念ながら弟の吉昌は六十歳（もしくはそれ以下）で亡くなってしまいましたが、生きていればまだ出世したはずでしょう。

その後、兄の吉平の四人の子たちが陰陽寮のなかで大きな力を持ち、賀茂氏と並ぶ勢力となっていきます。

特に、吉平の長男の時親《ときちか》にいたっては賀茂保憲の『暦林《れきりん》』の説の一部を俗説であると否定するほどの論客ぶりで知られています。

その後の安倍家は、吉平の兄弟たちの子から優秀な陰陽師がつぎつぎと誕生し、また宮中だけではなく鎌倉幕府からも頼りにされ、全国的な勢力となっていきます。

やがて土御門《つちみかど》家と名乗るようになり、戦国時代を迎えると、後継者の絶えた賀茂家が務めていた暦道も土御門家が手にすることとなり、晴明の子孫たちが陰陽道を独占するようになるのです。

そして、江戸時代には土御門家は、全国の陰陽師を統括するだけの勢力となり、幕府と朝廷の両方の陰陽道的行事と、暦の作成を独占的に任されるまでにいたります。

もし、安倍晴明がいなかったら、歴史のうえで土御門家は存在しなかったといっても過言ではないでしょう。すべては晴明からはじまったのです。

晴明をとりまく人物にも謎がいっぱい

晴明が特異な力を持った謎に包まれた人物であることは、何度も述べました。

では、晴明をとりまく人物はどうだったのでしょうか？

☆晴明の陰陽道の師匠・賀茂忠行

晴明の師といわれる人物ですが、本当にそうだったのでしょうか？

晴明の師として伝わっている賀茂忠行《ただゆき》の生没年は、歴史には残っていません。

忠行には保憲という息子がいました。保憲は延喜《えんぎ》十七年（九一七年）生まれで、晴明よりも四歳年上です。

『今昔物語集《こんじゃくものがたりしゅう》』巻第二十四第十五では、保憲もまた十歳の少年にして鬼を見ることができたと記されています。

参考までに紹介しましょう。

〈今は昔、賀茂忠行という陰陽師がいました。陰陽道の世界では、昔の優れた陰陽師とくらべても劣るところはなく、その時代でも並ぶ者のいないほど優れていましたので、公私にわたって重く用いられました。

そんなとき、ある人が忠行にお祓《はら》いをお願いしたので、忠行はその場所に出かけていきました。忠行の子の保憲は、そのときで十歳ぐらいの少年でしたが、父が出かけるのなら、どうしてもついていくといってききません。

それで保憲を牛車《ぎっしゃ》に乗せていっしょに連れて行きました。忠行が祓いを頼まれた場所に着いて、祓いを始めると、保憲はそばに坐っていました。やがて祓いは終わり、忠行にお願いした人も帰りました。

忠行が保憲を連れて帰る途中、牛車のなかで保憲は「父上」と呼びかけます。「なんだ」と答えると、保憲は尋ねます。

「さっき、父上が祓いをしていたとき、恐ろしそうな、人間のようで人間でない者たちが二～三十人ほど現われて、前に並べたお供えをあれこれ手にとって食べて、それから置いてある人形の船や牛車や馬に乗って、ばらばらに帰っていくのを見ました。

あれは、いったい何なんですか？」

それを聞いて忠行は、

「たしかに私は陰陽道の第一人者だが、しかし、幼いころには保憲のように鬼を見ることはできなかった。いろいろと学んでようやく見ることができたのだ。それなのに保憲はこんなに幼いのに鬼を見るとは、この先、実に優れた陰陽師になるだろう。古代の陰陽師にもけっして劣らないはずだ」

と思い、家に帰るやいなや、陰陽道の奥義のすべてを熱心に教えました。

そして、親の期待を裏切ることもなく、保憲は立派な陰陽師となって公私に仕え、わずかのあやまちも犯したことがなかったのです。

ですから、子孫はいまでも栄えていて、陰陽道に並びない存在になっています。また、暦を造る方法は保憲の一族以外に絶対知る人はいない。だから、いまも立派な家柄の者として尊ばれているそうです。〉（『今昔物語集』巻第二十四第十五）

これを本当とするのなら、保憲もまた並の陰陽師ではなかったことになります。

☆晴明の師匠は本当は賀茂保憲だった？

『今昔物語集』二十四巻第十六では、晴明は忠行の弟子であったと伝えていますが、伝説によっては保憲が晴明の師であったと記述されています。

では、忠行と保憲のどちらが本当の晴明の師だったのでしょうか？

保憲に関していうのなら、賀茂一族で独占した天文道と暦道のうち、天文道を晴明に譲り、暦道を子の光栄に継がせたという話も伝わっています。

これは、安倍晴明に陰陽師としての独立を保憲が認めたということで、保憲が晴明の師でなくてはできないことです。

では、保憲が晴明の師だったのか？

それも間違っていないと思いますが、それだけではないはずです。

というのも、保憲と晴明の年齢差はたった四歳です。晴明が十三歳で入門したなら、保憲は十七歳。この年齢で都で評判の陰陽師となっているとは少し考えにくいものがあります。

やはり晴明は忠行に入門したのです。

そして、保憲が父のもとで陰陽道を学んでいたころに晴明も入門し、そこで忠行が晴明に我が子並みか、もしくはそれ以上の能力を認めて保憲の弟弟子としてともに学ばせたのでしょう。

晴明が弟弟子であったなら、忠行の家督《かとく》を譲り受けた保憲は、ただの兄弟子から師と仰ぐべき立場となって当然です。

忠行が心の師であるなら、保憲は形式上の師であった。これが真相ではないでしょうか。

ちなみに保憲は、貞観《じょうがん》二年（九七七年）に六十歳で亡くなるまでに主計頭《かずえのかみ》、暦博士《れきのはかせ》を経て陰陽頭《おんみようのかみ》、天文博士となり、身分は従四位下でした。

著書には全十巻からなる『暦林《れきりん》』という、時間と方角の吉凶の解説書があります。この本は、貴族のあいだで日常の禁忌を知るための手引き書として重んじられたことが、藤原行生の日記などに記されています。

残念ながら『暦林』の実物は一冊も残っていません。もし、どこかで見つかったなら、それは歴史的大発見です。

☆平安最大の権力者・藤原道長は常に呪われていた

晴明に何度も命を救われたことで有名ですが、なぜ、道長はこれほどまでに呪いの対象にされたのでしょうか？

藤原道長は、「此の世をば我が世とぞ思ふ望月の　かけたることも無しと思へば」という和歌で有名な藤原氏の天下を築いた人物です。

康保《こうほう》三年（九六六年）に摂政・藤原兼家《かねいえ》の五男として生まれ、万寿《まんじゅ》四年（一〇二七年）に六十一年の生涯を閉じます。

その前半生は、特に華やかなものではありませんでした。

それが一転して権力の頂点に立つことになったのは、長徳《ちょうとく》元年（九九五年）に、兄の関白道隆《みちたか》、二番めの兄の右大臣道兼《みちかね》、左大臣・源重信《みなもとのしげのぶ》、大納言・藤原朝光《あさてる》がつづいて亡くなったのがきっかけです。

道長は一条《いちじょう》天皇の母親だった姉の詮子《せんし》の力で、本来であればなれるはずのない右大臣の座を手に入れ、翌年には左大臣となります。

そのうえ、娘の彰子《しょうし》と一条天皇とのあいだに敦成《あつひら》親王（後の後一条《ごいちじょう》天皇）、敦良《あつなが》親王（後の後朱雀《ごすざく》天皇）が生まれ、彼らが即位すると、天皇の外祖父として道長は権力のすべてを手にするのです。

それは三十年後に道長が死ぬまでつづき、さらに五十一年ものあいだ、長男の頼通が握りつづけることになるのです。

血縁の順序で考えれば、兄道隆が亡くなったなら、その子である内大臣伊周《これちか》が右大臣になるはずでした。その伊周をとばして道長が権力の座についたことから、道長は道隆の一族の恨みを買うことになったのです。

道長が呪いを受けるのは、このときからです。

長徳二年（九九五年）と寛弘《かんこう》三年（一〇〇六年）の二度にわたって、伊周が道長を呪《じゅ》詛《そ》したことが発覚します。これは呪詛事件として公文書にも記録されています。

道長は、本来であれば握ることのできなかった権力を手にし、強大なものとしていったため、多くの政敵をつくり、それによって呪われることになったのです。

その道長の通称土御門邸と呼ばれた屋敷と晴明の屋敷は、かなり近い場所にありました。

ですから、なにかと晴明の噂を耳にすることは多かったと思われます。

☆怨霊におののく道長は本当に晴明を重用したのか

その道長は、晴明を重用し、引き立ててきたと伝えられていますが、本当にそうだったのでしょうか?

道長との繋がりが感じられるようになるのは、永延《えいえん》三年(九八九年)の一条天皇が病気になったときに晴明が占ったという『小右記《しょうゆうき》』の記録が最初です。一条天皇の母は道長の姉ですから、つながりがあるとすると、このあたりからかもしれません。

このころの道長は二十九歳。まだ貴族の五男坊という立場で、権力からはずれた場所にいます。また、道長の日記『御堂関白記《みどうかんぱくき》』にも晴明の名前はまったく登場しません。

そのことから考えて、すでに八十歳近い大陰陽師晴明と道長のあいだに、かなり以前からの強いつながりがあったとはあまり思えません。

晴明の名前が日記に登場するのは、長保《ちょうほう》二年(一〇〇〇年)、道長の娘の彰子が皇后となることが決まり、それを行なうにふさわしい日取りを晴明に出させたと記されています。これは晴明が亡くなる五年前です。

それから晴明が亡くなるまでに、五年間で道長の日記に登場するのは全部で七回です。

それと、道長の権力基盤が固まるのは、寛弘五年（一〇〇八年）に彰子が天皇の子を出産してからです。これは晴明の死から三年もあとです。

道長の日記に初登場した時期に、道長と晴明の関係が始まったのだとすると晴明は八十歳ですから、すでに実績を積んだ長老です。

道長の引きは必要なかったはずです。

仮にそれ以前から関係があったとしても、晴明が六十五歳を越していたときには、まだ道長は二十歳にすぎません。

二十歳の道長に晴明の人事を左右できるほどの力があったとも思えません。

それから考えると、晴明が道長に引き立てられて出世したとは考えにくいのです。

ですから、晴明と道長は特別な関係にあったのではなく、晴明はあくまで陰陽師としての高い能力で従四位下という官位についたと考えたほうが自然かもしれません。

☆楽才に天性の才能を見せた源博雅

晴明を扱った物語のなかには、晴明の親友として源博雅《みなもとのひろまさ》という人物が登場しますが、源博雅とは何者でしょうか？

源博雅は延喜十八年（九一八年）に醍醐《だいご》天皇の第一皇子・克明《よしあきら》親王と藤原時平《ときひら》の娘のあいだに生まれました（延喜二十二年出生の説もあります）。

・中務大輔《なかつかさ》（天皇の秘書部門の長官。

承平《じょうへい》四年（九三四年）、従四位下の官位を与えられ、博雅の父、克明親王は中務卿という大臣で、有能で知られていました）

・右兵衛督《うひょうえのかみ》（天皇の護衛と警察を兼ねた組織の長官）

・右中将（近衛府という天皇の警備を担当する右近衛府の次官）

・左中将（近衛府という天皇の警備を担当する左近衛府の次官）

などの任につき、天延《てんえん》二年（九七四年）従三位となります。

和琴を藤原敦忠《あつただ》、横笛を源雅信《まさざね》、琵琶を源修《おさむ》になど、さまざまな雅楽をその時代の名人について学び、雅楽家として名を馳《は》せます。

『古今著聞集《ここんちょもんじゅう》』巻第六の二四四には、東山の聖心上人《せいしんしょうにん》がどこからともなく笛や琵琶、鼓などの楽器の美しい曲が流れてくるのが聞こえ、いったい、どこから聞こえてくるのだろうかと曲の聞こえるほうに向かって歩いていくと、生まれたばかりの博雅から聞こえていたという話があります。

これは、博雅がいかに天性の才能に満ちあふれていたか、そして、博雅の実力がいかに抜きん出ていたかを示しています。

康保三年（九六六年）には、横笛曲の譜面を集めた『博雅笛譜《ひろまさてきふ》』を、同様に『長竹譜《ちょうちくふ》』を残しました。『博雅笛譜』は上下巻ありますが、現在まで伝わるのは下巻のみで、現存する最古の笛譜集といわれています。

宮中での記録では、蹴鞠《けまり》、弓競技にも参加し、また天徳四年（九六〇年）三月三十日に天皇の前で和琴を披露。また同日の内裏《だいり》歌合戦では右方講師となり和歌を読みますが、読み間違える失敗も記録に残されています。

その後、康保三年（九六六年）二月二十一日、十月七日に横笛を披露しているほか、同年八月十五日の内裏歌合戦にも参加しています。

博雅が雅楽家としていかにストイックであったかは、『今昔物語集』巻第二十四第二十三の蟬丸《せみまる》とのエピソードに、また楽器を愛することにかけては第二十四の玄象《げんじょう》の琵琶《びわ》のエピソードが伝えるとおりです。
また『古今著聞集』巻十二の四二九では、その笛の音の心地よさを伝えています。
その三つを紹介しましょう。

☆源博雅が会坂の盲人のもとに行く話

〈今は昔。源雅博という人がいました。醍醐天皇の第一皇子兵部卿《ひょうぶきょう》の克明親王と申すお方の子です。いろんな方面に能力のある方でいらっしゃったが、特に管弦の道を極められており、琵琶の演奏などは実に素晴らしく、笛もこれ以上ないぐらいの奏で具合でした。

この方は村上天皇の時代には殿上人でありました。

その時分、会坂《おうさか》の関所のあたりにひとりの盲人が庵《いおり》を造って住んでいました。名前を蝉丸といいました。この男は、敦実《あつざね》親王と申します式部卿宮の雑役夫でした。

敦実親王は宇多《うだ》法皇の皇子で、管弦の道について極められた方でした。蝉丸は長年のあいだ、皇子が琵琶をお弾きなるのをいつも聞いていて、自分も弾けるようになったのです。

さて、この博雅は常に琵琶がうまくなりたいと思っておりましたので、かの会坂の関所の盲人が琵琶の名人であると聞きますと、その琵琶の音をどうしても聞きたいと思うのですが、盲人の家があまりにみすぼらしいものですから、人を遣わして内々に蝉丸に「どうして、そのような場所に住んでいるのだ。琵琶の名手といわれているのだから京に来てもやっていけるだろう」と伝えました。

蝉丸はそれを聞いて、その返事はしないで、

世中《よのなか》はとてもかくてもすごしてむみやもわらやもはてしなければ

(世の中というのは、どのようにだって生きていけるものですよ。素晴らしい宮殿だろうと、汚い藁屋《わらや》だろうと、いつかは失われてしまうのですからおなじことです)

と、和歌を一首詠《よ》みました。

使いの者が帰ってこのことを話すと、聞いた博雅は実になかなかの男だと感心し、心のなかで「私は特に管弦の道に執心しているので、どうしてもこの盲人に会いたいと思う。それに蝉丸もいつまで生きるか、私にしてもいつ死ぬかわかったものではない。

琵琶には流泉《りゅうせん》・啄木《たくぼく》という名曲がある。この曲は世の中から絶えてしまうだろう。いま、この曲を知っているのは蝉丸ただひとりなのだから。どうにかして蝉丸の弾く

のを聞きたいものだ」と思いまして、夜に会坂の関所に行きました。
しかし、蟬丸がその曲を弾くことはなかったので、その後、三年のあいだ毎晩、蟬丸の庵のあたりを訪れて、その曲を「今日こそ、今日こそ弾くはずだ」とこっそり立ち聞きしていましたが、その曲を弾くことはなく、三年めの八月十五日の夜、月が朧《おぼろ》に霞み、風がそよそよと吹いていましたので、博雅は「なんと趣《おもむ》きのある夜だろう。蟬丸は今日こそ流泉・啄木を弾くに違いない」と思って会坂の関所に行って耳をすますと、蟬丸は琵琶をかき鳴らし、何かに感じ入っているようでした。
博雅がいよいよだと思って聞いていますと、蟬丸はいい気分になって、
あふさかのせきのあらしのはげしきに　しひてぞいたるよをすごすとて
(会坂の関所を吹く嵐が激しかろうと、目の見えない私はすわりつづけて一夜を過ごすまでです)
と詠みながら琵琶を弾いています。
博雅はこれを聞いて涙を流しながら、たとえようのない感激に打たれました。やがて蟬丸はポツリと「ああ、なんと風情のある夜だろう。世の中に私以外にこういった気持ちになっている人がいるかもしれない。こんな晩こそ、音楽の道を愛する人が訪ねてきてくれればなぁ。音楽について語りあいたいなぁ」といいます。

それを聞いた博雅が、「京に住む博雅という者が、ここに来ています」と声をかけますと、「そう申されるのはどなたでございましょうか」と蟬丸は尋ねます。

博雅はいいます。

「私はかくかくしかじかの者です。特に音楽の道が好きなもので、この三年のあいだ、庵の近くまで来ていましたが、運のよいことに今晩あなたに会うことができました」

蟬丸は、これを聞いて喜びました。博雅も喜びながら庵のなかに入り、たがいに語り合い、そして「流泉・啄木の曲を聞かせてもらいたい」と蟬丸にいいました。

蟬丸は「敦実親王は、このように弾いておりました」と、流泉・啄木の曲を博雅に伝えました。博雅は、そのとき、琵琶を持っていなかったので、ただ口伝えに曲を習って返す返す喜び、明け方に帰って行きました。

思うに、すべての道において、皆、博雅のようにこだわりを持つべきなのです。ところが、最近はめったにここまでの人間はいません。だから、いまの世の中には達人が少ないのです。実に残念なことです。

蟬丸は身分の低い者ですが、ずっと親王のお弾きなる琵琶を聞いて、このように達人となったのです。それが盲人となったので会坂に住んでいたのです。そして、それが盲人の琵琶法師の始まりとされています。〉（『今昔物語集』巻第二十四第二十三）

☆玄象という琵琶が鬼に取られた話

〈今は昔、村上《むらかみ》天皇の時代に玄象《げんじょう》という琵琶が突然なくなってしまいました。この琵琶は唐から渡ってきた逸品で宮中の宝でもありましたから、天皇はたいそうお嘆きになりまして、「このような貴重な、代々伝わってきた琵琶が朕《ちん》の代で失われてしまうとは」と悲嘆されてしまうのも無理のないことです。

「これは誰かが盗んだのだろう。しかし、盗んだとしても自分で持っていられるものではない。朕をよく思わない者がいて、盗んで壊してしまったのだろう」と疑われます。

このころ、源博雅という殿上人がいました。この人は管弦の道の達人で、玄象がなくなったことを嘆いていましたが、深夜、誰もが寝静まった後に清涼殿《せいりょうでん》にいますと、南のほうから、玄象を弾く音が聞こえてきます。

これは怪しいと思いながらも「いや、聞き間違いかもしれない」とも思い、耳をすませて聞くと、まさしく玄象の音そのものです。

博雅は、これは聞き間違いではないと、返す返すも驚き怪しみ、誰にもいわずに宮

中服を平服に着替え、沓《くつ》だけはいて、お供の小舎人《こどねり》をひとりだけ連れて、近衛府の詰所を出て、音のする南のほうに行くと、音はさらに南から聞こえてきます。

「きっと近くだろう」と思って行くと朱雀門《すざくもん》まで来ました。しかし、音はさらに南から聞こえます。それなので、朱雀大路を南に向かって行きました。

「これは玄象を盗んだ人間が、どこか高い望楼で密かに弾いているのだろう」

そう心に思って急いで近くの望楼に来てみても、音はなおも南、それもすぐ近くから聞こえてきます。

それならばと、さらに南に行くと、とうとう都の入り口の羅城門《らじょうもん》まで来てしまいました。博雅のいた内裏は都の北の端ですから、朱雀大路の端から端まで歩いてしまったことになります。

門の下に立って聞くと、門の上の二階で玄象を弾いているとわかりました。博雅は聞いていて不思議に思い、「これは人が弾いているのではない。きっと鬼かなにかが弾いているのに違いない」と思っていると、玄象を弾く音がやみました。

しばらくすると、また弾きはじめます。そのときに博雅はいいました。

「これは誰が弾いているのです。玄象は先日なくなってしまい、天皇が捜し求めていらっしゃるが、今夜清涼殿でこの音を聞き、南のほうでしているとわかった。それで尋ねて来たのです」

するとと、琵琶の音がやみ、天上より下りてくるものがあります。怖い気がして少し後ろに退いて見ていると、玄象に縄をつけて下ろしてきました。

それならばと、博雅は恐る恐るこれを手にして内裏に帰ってきて、このことを天皇にご報告して、玄象を奉じますと、天皇は大変感激なされて、「きっと鬼が取っていったのだろう」と仰せになりました。これを聞いた人は、皆、博雅を賞賛しました。

この玄象はいまでも天皇家の宝として伝えられ、内裏におさめられています。この玄象はまるで生きているようで、弾き方が下手だと腹を立てて鳴りません。

また、塵がついて、それをきれいにしないと腹を立てて鳴りません。そのときの機嫌が、はっきりと表われるそうです。

あるときに内裏が焼けたときにも、誰も運び出さなかったにもかかわらず、玄象はまるで自分で出てきたかのように庭にありました。

不思議なこともあるものだ、と語り伝えられています。〉（『今昔物語集』巻第二十四第二十四）

☆盗人が博雅三位の篳篥を聞いて改心した話

〈博雅三位の家に盗人《ぬすびと》が入りました。博雅は板敷の下に逃げ、隠れておりました。盗人が帰り、その後で這い出て家のなかを見ますと、何も残っているものはなく、すべて盗まれてしまっていました。

楽器の篳篥《ひちりき》ひとつだけが残っていましたので、それを手にして吹いていますと、出て行ったはずの盗人が遥か遠くでこの音を聞いて、どうしても感動が抑えきれなくなって戻ってきたといい、

「ただいまの篳篥の音を聞かせていただくうちに、心から感動してしまいまして、改心してしまいました。盗んだ物はすべてお返しさせていただきます」

と、すべて置いて帰って行きました。昔の盗人は、こういう心も持っていたのです。〉（『古今著聞集』巻十二の四二九）

いかがでしょうか。

いずれも博雅の人となりを感じさせるエピソードではありませんか。このほか、

『十訓抄《じっきんしょう》』には、朱雀門で「葉二《はふたつ》」という笛の名器を手に入れる話があります。

☆晴明と源博雅は親友だったのか？

では、晴明の親友だったというのは歴史的事実だったのでしょうか？

源博雅を晴明の親友として登場させたのは小説の『陰陽師』（夢枕獏著）で、それと、この小説を原作としたコミック版『陰陽師』（岡野玲子著）の両方でイメージを定着させています。

さて、誰と誰が政敵であったというような話でもあれば歴史にも残りましょうが、政治もからまないプライベートな人間関係というものは歴史には残らないものです。

したがって、史実にはそれを示すものは見当たりません。

しかし、博雅と晴明のあいだにつきあいがあっても別におかしくはないのです。

というのも、源博雅は延喜十八年（九一八年）か延喜二十二年（九二二年）の生まれで、安倍晴明は延喜二十一年（九二一年）ですから、ほぼ同世代人です。

つぎに博雅は中務省の長官でした。晴明のいた陰陽寮は中務省に所属し、建物も隣どうしでした。

ですから、おたがいに顔と名前は当然知っていたはずですし、仕事上の接点もかなりあったはずです。

その後の左中将や右兵衛督、右中将にしても天皇の側近としてのポジションですから、陰陽師である晴明が召されたときには、まず博雅も近くに控えていたはずです。

しかも博雅は、ただの殿上人ではなく皇族の血を引いていますから、何かと天皇からプライベートな用をも言い遣ったことも考えられます。

この時代、何か不思議なことがあったときは、まずその吉凶を陰陽師に占ってもらいますから、博雅は天皇と晴明との密かなパイプ役として働き、そのなかで晴明と公私ともに親しい仲になっていったことは充分に考えられるのです。

☆源博雅は武士だったのか？

源という姓というからには武士であったと思いがちですが、博雅の生きていた時代では源姓は武士ではありません。博雅は賜姓《しせい》皇族の一員です。

天皇は、皇族の血統を絶やさないために、数多くの女性とのあいだに子を成しました。桓武《かんむ》天皇で五十人、博雅の父もまた醍醐《だいご》天皇の四十人の子のひとりです。

しかし、男の子の数が多すぎた場合、皇位継承権の順序が兄弟どうしだけではなく、それぞれの二世、三世にまでまたがり、どこの誰に優先権があるのかが実に曖昧《あいまい》になり、それが原因で乱が起きるのを防ぐ意味で、母親の格が低い王子や王女に「源」という姓を与え、天皇の臣下に下げたのです。

これを賜姓皇族といい、嵯峨《さが》天皇の嵯峨源氏、陽成《ようぜい》天皇の陽成源氏、宇多《うだ》天皇の宇多源氏、醍醐天皇の醍醐源氏とつづきます（ちなみに桓武天皇の場合は「平」という姓を与えています）。

賜姓皇族は皇族の一員ではありますが、皇位継承者の資格はありません。

醍醐天皇には四十人ほどの子供がいたため、そのうち六人を賜姓源氏としましたが、博雅の父・克明親王は第一皇子でしたから、そのまま親王として一生を終えます。

なぜ、第一皇子の克明親王が皇太子となり天皇になれなかったかというと、克明親王の母親の源封子《ふうし》が女御《にょうご》ではなく、更衣《こうい》だったからです。更衣は女御より一段下の身分だったので、女御に男の子が生まれれば、更衣の子を飛ばして皇太子に選ばれるのが決まりだったのです。

克明親王には事実上、皇位継承権がないということで、その子の博雅は賜姓皇族とされ、源博雅と名乗るようになったのです。

☆晴明が唐に留学していたときの陰陽道の師・伯道上人

蘆屋道満《あしやどうまん》に殺され、首を斬られた晴明を死から甦《よみがえ》らせたといわれていますが、実在したのでしょうか？

伯道上人《はくどうしょうにん》は晴明が天皇の勅命で中国の唐に留学したときの師といわれています。といっても唐は九〇七年に滅亡してしまい、その後は五代十国と呼ばれる争乱の時代を迎えますから、おそらくは九六〇年に宋が誕生したころのことでしょう。晴明は四十歳ぐらいです。

伯道上人は『簠簋内伝《ほきないでん》』を著わした陰陽道の奥義を極めた人物で、千年も生きていた人物とされています。というのは『簠簋抄』のなかにある「由来」という晴明伝での話で、伯道上人は架空の人物なのです。

「由来」では、十年間の修行を終えて晴明が陰陽道の奥義書『金烏玉兎集《きんうぎょくとしゅう》』を手にして帰国したころには、妻の利花《りか》は道満と関係を結ぶ仲になってしまい、ふたりで共謀して『金烏玉兎集』を奪い、晴明を亡きものにします。

それも、利花の手引きで『金烏玉兎集』を見つけ、写し取った道満が晴明に、夢のお告げで『金烏玉兎集』を手に入れたといい、そんなはずがないという晴明と首を賭け、晴明の前で『金烏玉兎集』を見せるという手のこんだ方法で、です。

そのとき、海の向こうの伯道上人は晴明の死を感じ、ただちに日本に渡って、やはり晴明が死んでいることを確認したうえで、晴明の骨を集め、秘術を使って晴明を蘇生させるのです。

そして、その後で道満のもとを訪れ、道満が使った手口を真似て「晴明と会った」といいます。油断している道満は伯道上人に「晴明は死んでいる。首を賭けてもいい」と答えますが、そこに甦った晴明が登場。道満は首を斬られてしまうのですが、すべては創作上のお話でのことです。

☆晴明の宿敵・蘆屋道満は本当に悪い人間だったのか？

晴明の宿敵といわれ、数度にわたって晴明と死闘を繰りひろげた道満は、本当に悪逆な陰陽師であったのでしょうか？

蘆屋道満（道摩法師）は、播磨国《はりまのくに》印南郡岸村出身の陰陽師であると『播磨鑑《はりまかがみ》』は伝えています。生没年はまったく伝わっていません。室町時代の『峯相記《みねあいき》』には、藤原道長を呪詛した罪で播磨国へ流され、都に戻ることのできないまま没したとも記されています。

これは三之巻で紹介した、晴明が破った道満の呪詛のことです。そのなかでは、晴明は道満のことを陰陽師として自分に並ぶほどの実力の持ち主であると評していました。

流罪でケチがついてしまったのか、『播磨鑑』には道満の家はどんどん没落していったと記されています。そして、死んだ道満を祀った道満塚が、佐用郡江川村猪伏《さようぐんえがわむらいぶし》にあるとも伝えています。

安倍晴明が実力を認めた陰陽師・蘆屋道満には、晴明との最初の勝負に敗れて弟子となるエピソードがあります。

〈都に安倍晴明という天才陰陽師がいると知った道満は「自分以上の陰陽師がいるはずがない。ならば、その晴明とやらを破って、俺を天才と呼ばせてやれ」とばかりに、大柑子《だいこうじ》(夏みかん)を人の姿に変え、家来として連れて京にやってきます。

しかし、道満が播磨を出発しようとしたときに晴明はすでに占術で、自分と勝負するために京に上がってくる者がいることを知っていて、それを待っていたのです。

そして、ふたりは天皇をはじめとした殿上人や役人たちを前にして、内裏《だいり》の庭で術の勝負をします。

　まずは道満が庭の砂を手にし、それに念をかけて空に投げると、無数の燕《つばめ》となり空を飛びまわります。が、晴明が手にした扇でポンと打つと、燕はバサバサッと地面に落ち、元の砂に戻ってしまいました。

　つづいて、今度は晴明が術を披露します。すると、天を覆う雲を割って竜が姿を現わし、雨を降らせたのです。

　道満はさまざまな術で竜を消そうとしますが、雨は止まりません。雨は庭を水びたしにし、水位が腰を越えようとしています。と、再び晴明が呪文を唱えたとたん、竜も雨も消えてしまい、水はおろか、濡れた跡すら残らなくなってしまいました。

　しかし、道満は負けを認めません。

「ふん、晴明とやら。このような術、ただの幻術にすぎん。陰陽師なら占術で勝負といこう。ただし、都に天下の陰陽師はひとりで充分じゃ。負けたほうは勝ったほうの弟子になってもらうが、それでよろしいか？」

「よろしいでしょう」

　晴明がうなずき、つぎの勝負、占術勝負が行なわれます。

　内裏の貴族たちが大きな木箱のなかに大柑子を十五個入れて、厳重に鍵をかけて道満と晴明の前に置くと、まずは挑戦者の道満から先に占い、「大柑子が十五個」といいます。

これには天皇や公卿たちも驚きます。

しかし、晴明は「鼠が十五匹」というではありませんか。

さすがの晴明も道満の前に敗れたかと、天皇たちが思っているなかで箱が開けられると、なかから鼠が十五匹現われて、走り去っていったのです。

そして、勝負に負けた道満は晴明の弟子となったのです。〉

とまぁ、こうして道満は晴明の弟子となるのですが、このエピソード自体は『簠簋抄』や仮名草子《かなぞうし》『安倍晴明物語』が伝えるフィクションです。

これらのフィクションの世界では、その後の道満は、伯道上人の項でもふれていますが、真面目に弟子として仕えてはいたのですが、晴明が留学しているあいだに、師匠の妻、利花とできてしまって、利花と謀って晴明を亡き者にしようとして、上人に殺されてしまいます。道満が悪人というキャラクターは、これらのフィクションをもとにしてつくられた浄瑠璃や歌舞伎によって膨らんだイメージなのです。

実際の蘆屋道満がどんな人で、何をしていたのかについては史実としてまったく伝わっていません。

しかし、いくつか伝わっていることとフィクションの裏側を検証することで、想像としての人物像を打ち出すことはできるのではないでしょうか？

☆蘆屋道満の実像、そして晴明との対決の真相は？

五之巻でふれているように、現在でも護符として使われているドーマン符は、蘆屋道満を表わしたものです。

このドーマン符は、家紋として四国や岡山、兵庫、三重などに伝わってもいます。

また、道満の生没の地、播磨国では当時からいまに至るまで、道満は晴明と並ぶ天才陰陽師であると伝えられています。フィクションに見られる悪役の顔は、そこにはいっさいないのです。

このふたつと、前述した『古事談』で道長を呪詛したエピソードを加えると、実際に道満は天才といっていい陰陽師であったことは間違いありません。

しかし、それだけの陰陽師でありながら、陰陽寮に在籍した記録がありません。

つまり、道満は民間の陰陽師であったということです。

ご存知のとおり、平安中期は特に怨霊や鬼に人びとが脅かされていた時代ですから、貴族たち以外でも陰陽師に頼ることが何かと多かったはずです。

道満は、そういった人たちを助けることで陰陽師としての名声を獲得したのですが、どうしても知りたい秘術がありました。

それは泰山府君の術です。

泰山府君は朝廷が門外不出とした、陰陽道の秘術中の秘術で、これを知るためには陰陽寮に入り、そのなかで頭角を現わす以外に方法はありません。民間の陰陽師でいるかぎり、一生知ることはできないのです。

しかし、当時の陰陽寮は賀茂家と安倍家に独占された状態で、ふたつの家の血筋の人間でない道満には、得業生となるチャンスすらありませんでした。

「ならば、天皇や貴族に実力を認めてもらい、陰陽寮入りを果たそう」と道満は考えました。

もし、晴明と道満の対決が純粋なフィクションではなく、事実として伝わっていたことをベースにつくられたものならば、これが晴明に挑戦した本当の理由なのではないでしょうか？

その対決で晴明は道満の実力を認めたものの、道満の本当の目的が泰山府君の術にあることを知っていて、秘術を宮中から流出させないために、あえて手段を選ばず道満を倒したというわけです。

あの大柑子を鼠に変えるというのは「いくらなんでも卑怯《ひきょう》なんじゃないの？」と思わないわけにはいきませんが、それも、こうした理由でのことと考えれば、筋が通るのではないでしょうか。

物語とおなじように本当に弟子となったかどうかはわかりません。が、道長を呪詛したエピソードから察するに、対決に敗れた道満はそのまま京で民間の陰陽師として生き、そして道長の呪詛を請け負って流刑になったのではないでしょうか。

あくまで想像でしかありませんが、それをふまえると道満とは、晴明とおなじほどの才能がありながらも、晴明のように内裏に仕える陰陽師に弟子入りする機会を持たず、系統的に陰陽道を学ぶのではなく、独学で書物から陰陽道を学び、腕を磨いていったタイプの陰陽師だったのかもしれません。

悪役としての道満像は、実力もありながら、陰陽師としての最後の秘術だけを知ることのできない悔しさを持ち、そして大きな挫折を抱えて立ち直ることのできなかった悲劇の陰陽師のリターンマッチとしてつくられたのかもしれません。

肖像画をもとに作られた晴明神社の晴明像。夜空の星を見て天体観測をしている様子を表わしている。

八之巻

晴明サマに会いたい！

全国安倍晴明陰陽師ツアー

本書片手に千年の時を超え、晴明に会いに行こう!

平安時代中期。

大陰陽師《だいおんみょうじ》・安倍晴明《あべのせいめい》が生きていた時代です。

いまから千年ほど過去の京都に、晴明は暮らしていました。

もしもタイムマシンがあるなら、その時代に戻ってみたい。

誰しも、そんな気持ちでしょう。

しかし、あきらめる必要はありません。

タイムマシンなら、私たちはすでに持っているのです。

それは、自分の心の内にです。

これからページをめくる八之巻「全国安倍晴明陰陽師ツアー」では、かつて晴明が生きていたときに住んでいた場所や、歩いた場所、式神を使ったり、数々の秘蹟を行

なった場所など、安倍晴明にゆかりの深い場所を紹介していきます。

さぁ、ページをめくってください。

きっと、七之巻までの歴史のなかでの晴明と違って、晴明が身近に思えるはずです。

そして、本書を片手に飛び出しましょう！

晴明ツアーの始まりです。

かつて、晴明が立った場所に立ってみるのです！

千年の時は、伝説の地をコンクリートの塊に変えてしまったかもしれません。

その反対に、いまも伝説の面影を伝えているかもしれません。

しかし、私たちには無限の想像力があります。

想像力という名の、心のタイムマシンを働かせてみましょう。

戻るのは、いまから千年ほど前です。

きっと、千年の時の彼方にいる晴明の姿が浮かんでくるはずです。

そして、その場所に行けば、お寺や神社の住職さんや宮司さんから、晴明に関する新たな逸話や、不思議な話が聞けるかもしれません。

さぁ、それでは、本書を携え、晴明ゆかりの地に行って、想像力という偉大なるタイムマシンを自由自在に駆使し、思う存分楽しんでください。

全国安倍晴明陰陽師ツアーマップ

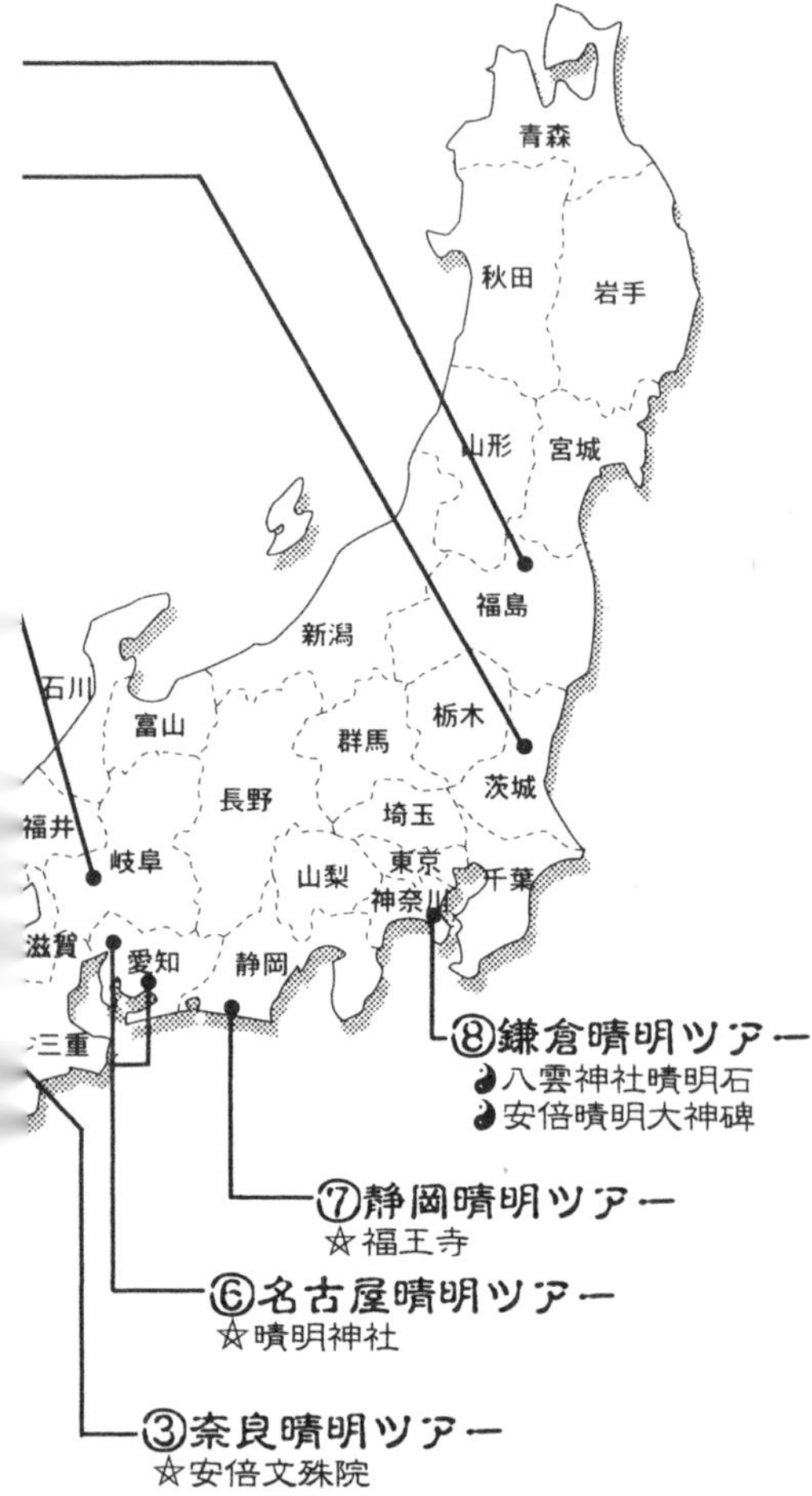

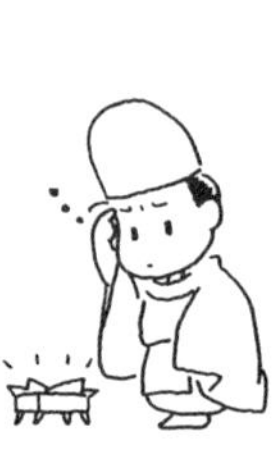

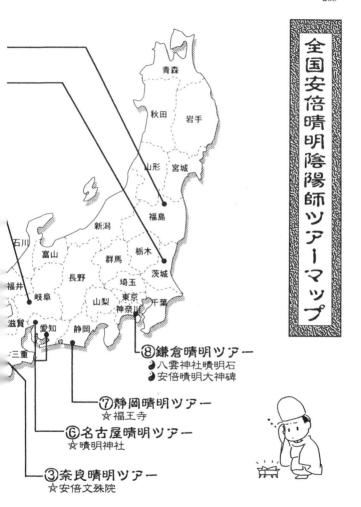

⑩福島晴明ツアー
☆福島稲荷神社

⑨茨城晴明ツアー
☆晴明神社

④岐阜晴明ツアー
☯喜八河戸
☯晴明腰かけ石
☯晴明井戸

⑤福井晴明ツアー
☆おおい町暦会館

①京都晴明ツアー
☆晴明神社
☯一条戻橋
☯嵯峨墓所祭
☆遍照寺

讃岐晴明ツアー
☆善通寺
※本書では詳述しておりませんが、P.45で解説しております

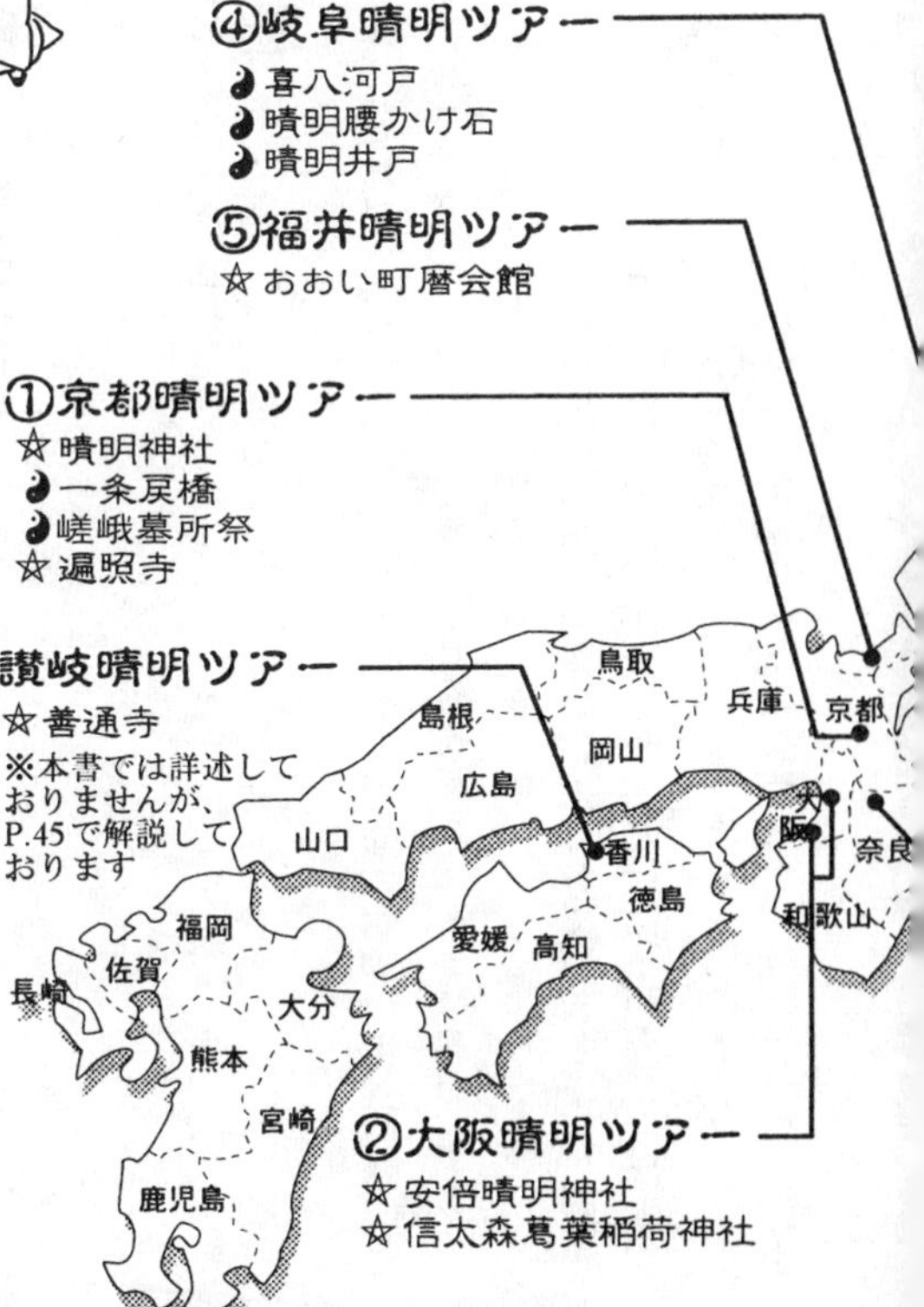

②大阪晴明ツアー
☆安倍晴明神社
☆信太森葛葉稲荷神社

晴明活躍の大舞台・平安の都

①京都晴明ツアー

☆晴明の屋敷のあとに創建された 晴明神社

晴明没後、これまでの偉業に対し、また狐の血をひき、稲荷大明神の化身の晴明に対して、生前の官位は低すぎたと感じた一条《いちじょう》天皇の命で晴明を祀《まつ》った神社として、寛弘《かんこう》四年（一〇〇七年）に建てられたのが晴明神社です。

当初、晴明神社は晴明が住んでいた屋敷のある場所に建てられていました。当時の晴明の威光の高さを示すかのように、東は堀川、西は黒門、北は元請願寺、南は中立売という広大な地域を社地としていたそうです。

ところが、残念なことに、応仁《おうにん》の乱や豊臣秀吉の都市計画などで社地はかなり縮小されてしまいました。

応仁の乱は応仁元年（一四六七年）に始まり、文明《ぶんめい》九年（一四七七年）まで、十一年にわたって京都を燃やし尽くした戦争です。このとき、主要な寺社はすべて焼かれてしまっています。晴明神社は御所に近い位置にありましたから、その損害も甚だしかったことでしょう。

逆算してみると、晴明神社は建立されて四百六十年ものあいだ、最初の形のままあったということになります。

それを嘉永《かえい》六年（一八五三年）に当時の氏子たちが中心となって社地社殿を改修し、その後、明治十一年（一八七八年）、明治三十六年（一九〇三年）に改修、昭和三年（一九二八年）には現在の本殿と社務所が新築され、昭和二十五年（一九五〇年）には、現在の形が整えられました。

晴明神社では、いまも晴明にちなんだ行事がいくつも行なわれています。そのなかでも盛大なのは、毎年九月の秋分の日とその前日に行なわれる晴明祭というお祭りです。また、在原業平《ありわらのなりひら》の家が晴明の張った結界で焼けなかったエピソードは、三之巻で紹介したとおりですが、その晴明の霊験などにならった行事もあります。

毎年六月二十六日に行なわれる火災除祈願祭です。この日は火災除けの祈祷の日で、祈祷のうえ、護符を発行してもらったりもしてもらえます。

そして、この晴明神社を訪れてもっとも嬉しいのは、晴明桔梗印《せいめいききょういん》のお守りや護符、絵馬などが手に入ることです。

さて、当初は晴明の屋敷のあった場所に建てられた晴明神社ですが、千年後の現在は、かつての晴明邸とは違う場所に建っています。

以前の晴明邸は、いまの上京区中立売通新町《かみぎょうくなかだちうりどおりしんまち》に位置しています。ちょうど京都ブライトンホテルの建っているあたりです。

いまから千年ほど前の、寛和《かんわ》二年（九八六年）の六月二十二日（太陰暦の上での年）の夜、花山《かざん》天皇はブライトンホテルの場所で、晴明が式神《しきがみ》に命令する声を聞いたのです。京都で泊まるなら、ブライトンホテルに泊まって、千年という過去の彼方にいる晴明の息吹を感じるのも、いい旅の記念になるかもしれません。

☆一条戻橋

晴明が式神を封じ込め、冥界にも通じる橋

現在の一条通りは、かつては一条大路と呼ばれた大通りでした。ここを横切って流れる堀川の上にかかっているのが一条戻橋《いちじょうもどりばし》で、ここに安倍晴明は式神を隠していた

晴明が祀られている晴明神社の本殿。境内のもっとも奥にある。

晴明が念力で湧出させた井戸。病気平癒のご利益があるとされている。

晴明桔梗印の絵馬。

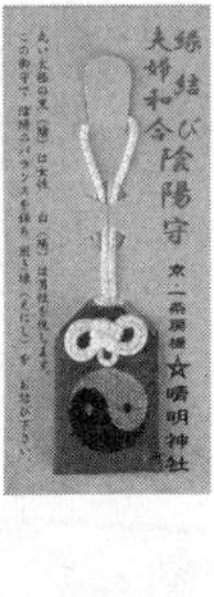

縁結び、夫婦和合のお守り「陰陽守」。

晴明井がモチーフ。集中力向上、災除けのお守り「みずかがみ守」。

のです。

ここに立って願いごとを思うと、橋の下にいる式神が通った人の口を借りてお告げを下すといわれていて、『源平盛衰記《げんぺいせいすいき》』巻十「中宮御産の事」にも記述があります。平清盛《たいらのきよもり》の妻時子《ときこ》（二位殿尼）が、高倉《たかくら》天皇の子を宿した娘・徳子《とくし》の御産が無事にすむようにと、戻橋で橋占いをしたところ、十四〜五歳の童子十二人が西から東へと向かって走りながら手を叩き、口をそろえて「揺は何揺国王揺八重の潮路の波の寄揺」と四〜五回繰り返して歌い、橋を渡って東に向かって行ったという話です。

歌の真意はわからないものの、国王とは平家から天皇が誕生する、すなわち生まれるのは男というお告げだと一門は喜ぶのですが、歌のとおり、平家から誕生した安徳天皇は壇ノ浦の波に消え、平家一門も滅亡してしまうのです。

戻橋は、かつては土御門《つちみかど》橋と呼ばれていましたが、三善清行《みよしきよゆき》の葬列がこの橋を通ったとき、比叡山の行者だった、子の浄蔵《じょうぞう》がこの橋の上で必死で加持をして死から甦らせたことで戻橋となったと伝えられています。

いまの一条戻橋は新築されたものですが、昔の欄干《らんかん》は晴明神社に保存されています。

☆九月二十六日の晴明命日に祭典がある
嵯峨墓所祭

晴明神社の所管で、毎年九月二十六日の晴明の命日には、嵯峨墓所祭《さがぼしょさい》を行なっています。

晴明が没したとき、五条橋近くの五条松原鴨川の岸に塚を築いて埋葬され、その後、三条橋の東、東福寺門前の竹林などに移された後に、現在の場所になったのです。

ちなみに、五条橋とはいまの松原通川端の鴨川にかかる松原橋のことで、晴明はこの橋の上で呪文を唱えたと伝わっています。

☆式神を使って蛙を殺した寺
遍照寺

『今昔物語集《こんじやくものがたりしゅう》』巻二十四第十六で晴明が訪れた広沢僧正《ひろさわそうじょう》が住んでいたお寺です。

『今昔物語集』のお話が事実だったとすると、晴明が式神を使って蛙を殺してみせたのは、このお寺ということになります。

お寺のなかを散策しながら、晴明が式神を使ったであろう場所が、当時、どのへんだったのかと想像してみるのもいいでしょう。

広沢僧正の名前は寛朝《かんちょう》といいます。宇多上皇《うだじょうこう》の孫にして、敦実親王《あつざねしんのう》と藤原時平《ふじわらのときひら》の娘の子です。遍照寺《へんしょうじ》は永祚《えいそ》元年（九八九年）に広沢池の近くに建てられ、そこに住んだことから、広沢大僧正と呼ばれていました。

広沢僧正は真言宗の僧です。東密《とうみつ》と呼ばれた密教のなかでも孔雀王経《くじゃくおうきょう》を尊び、その流れは広沢流という一大流派に広がりました。

広沢流は、すべての人間が持っている善なる心を育成する救邪苦経法を修めること、つまり、天変地異や病気などのすべての災いを取り除く秘法を修得するのを修行の最大の目的としています。

晴明誕生の地としてさまざまな伝説が残る

②大阪晴明ツアー

☆晴明が幼少時代をすごした地
安倍晴明神社

『晴明宮御社伝書』によれば、安倍晴明神社は晴明没後二年の寛弘四年（一〇〇七年）に建てられ、晴明の子孫と称する保田家が代々社家として奉仕していたと伝えられています。

江戸時代には大社のひとつとして、幕府の大坂城代が交替になるごとに新任の城代が参拝したほどの格式がある神社でした。が、幕末に社家が没落するとともに衰微し、明治時代には文政年間に堺の住人神奈辺《かんなべ》大道心《だいどうしん》が建立した「安倍晴明誕生地」の石碑と小さな祠《ほこら》だけとなります。

その後、大正十年（一九二一年）に阿倍王子《あべおうじ》神社の末社として復興が認可され、大正十四年（一九二五年）に社殿が竣工し、現在の阿倍王子神社の飛び地境内の社殿にいたっているのです。

安倍晴明神社に関係して、父親の保名《やすな》を泰名大神《やすなおおかみ》として祀った泰名稲荷神社もあります。この安倍晴明神社は、壱之巻でふれた晴明生誕の地として伝えられる場所のひとつです。

安倍晴明神社に伝わる『葛之葉《くずのは》子別れ伝説』では、晴明の父・保名は阿倍野《あべの》に住む豪族のひとりで、家来たちを連れ、和泉の信太《しのだ》神社にお参りをしています。

その後、信田の森で酒宴をしているとき、狩人に追われた白狐《びゃっこ》が逃げこんできて、かわいそうに思った保名が隠してあげると、狩人たちとけんかとなり、保名は傷を負ってしまいます。

そのとき、白狐は葛の葉と名のる女性となって保名の所へ現われて、保名を助け、それを縁として結婚し、阿倍野の地で晴明を生んだというのが、保名と葛の葉の出会いとされているのです。後述する信太森葛葉稲荷《しのだもりくずはいなり》に伝わる伝説『葛の葉物語』とは、少し出会いのニュアンスが異なっています。

さて、保名のことを豪族と伝えていますが、この阿倍野地方は、かつて奈良時代に

熊野街道に面した安倍晴明神社の表鳥居。

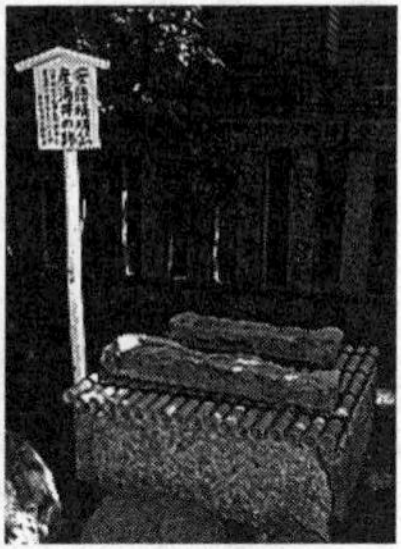

(左)堺の商人・神奈辺大道心が建立した「安倍晴明誕生地の碑」。

(右)晴明の産湯の井戸を再現した「安倍晴明公 産湯井の跡」。

(左)晴明と、その母といわれる葛の葉狐の姿が描かれた「願掛け晴明絵馬」。

(右)災いを除いて幸福を呼びこむ「五芒星ステッカー守」。

写真提供：安倍晴明神社

は古代豪族阿部氏が住んだ地域でした。安倍氏はかつて阿部氏と同族であったと伝えられていますので、保名が住んでいたとしてもおかしくはないわけです。

そして、安倍晴明神社の本社となっている阿倍王子神社に伝わる『摂州東成郡安《せっしゅうひがしなりぐんあ》倍権現縁起《べごんげんえんぎ》』によると、平安時代初期の天長《てんちょう》三年（八二六年）に弘法大師が参詣に来たとも伝えています。

ですから、保名が阿倍野に住んでいたころには、もちろん阿倍王子神社はこの地にあったわけです。だとすると、晴明の出身が阿倍野であるというのなら、まだ安倍童子丸と呼ばれた幼少の晴明は、きっと阿倍王子神社の境内で遊んでいたことでしょう。幼少時代の晴明の面影を訪ねる意味では、阿倍王子神社の方もまた、晴明のゆかりの地なのです。

仮に晴明がこの地で生まれていなかったとしても、この阿倍王子神社は熊野神社に向かう途中にあり、熊野詣に行く人びとが休憩のために立ち寄る人で、平安〜室町時代までにぎわってましたから、晴明も熊野に修行に向かうときに立ち寄った可能性は大です。

また、晴明存命のころから、この地が安倍氏の祖先と深く関係した場所であると知られていました。ですから、晴明自身も特別な思い入れを、この神社に抱いていたとしてもおかしくありません。

どちらにしても、晴明と関係があった神社であることは間違いないはずです。

ちなみに、安倍晴明神社には、大阪市建立の「安倍晴明生誕伝承地の碑」が建っています。

この社は、神社全体でもっとも古い建物で、元禄時代に建てられたものですから、ここに足を運ぶことで浄瑠璃などで安倍晴明を知った当時の人たちが参詣したころ、すなわち江戸時代に晴明の物語が語られていたころの面影をしのぶこともできます。

行事としては、安倍晴明神社として晴明の命日九月二十六日には、毎年晴明祭が行なわれています。

☆晴明の母、葛の葉姫伝説が伝わる 信太森葛葉稲荷神社

信太森葛葉稲荷《しのだのもりくずのはいなり》神社は、安倍晴明伝説『葛の葉物語』の舞台となった場所です。と同時に、晴明の母となる白狐の住んでいた場所としても知られています。

こちらの物語では晴明の父・保名が阿倍野の人であるのは、安倍晴明神社に伝わるお話とおなじですが、少し展開が違っています。保名はかつて阿倍野の豪族だったの

ですが、悪人のざん言のおかげで所領を没収されてしまった人物となっているのです。具体的に、何をされたのか、また所領の規模がどれくらいだったのかは、いっさいわかりません。

保名は、なんとかして出世して家名を取り戻そうと、霊験あらたかな信太森葛葉稲荷神社へ日参するのです。その帰りに狩人に追われる白狐が、保名の後ろに隠れて助けを求めるようだったので、かくまってやり、そのおかげで狩人たちとやりあうはめになり、傷を負ってその場に倒れてしまいます。

狩人たちが立ち去ると、神社の御神木楠の樹の陰から葛の葉と名乗る神々しい女性が走り寄って保名の傷を手当し、阿倍野まで丁寧に送ってくれるのです。その姿があまりに美しかったのか、日参して祈願した家名再興も忘れ、早く傷を治して信太の森へ行き、また葛の葉に会いたいと思うようになるのです。

すると、その二〜三日後に、葛の葉が見舞に訪れ、それどころか、怪我をされている身の上でしたら、おひとりでは何かと不自由でしょうからと保名の家に泊まるようになり、それが縁で保名と葛の葉は結婚するのです。

後の展開は、安倍晴明神社も信太森葛葉稲荷神社に伝わる話もおなじです。そして、この神社のまわりにあった森こそが、幼き日の晴明が父といっしょに姿を消してしまった母・葛の葉に会いにきた場所だと伝えられています。

そういった理由から、信太森葛葉稲荷神社には、葛の葉を由来とするものがいくつもあります。社殿の南側にある楠の樹は葛の葉が保名の前に女性の姿となって現われた場所ですし、この樹の南側にある「姿見の井戸」は、白狐が葛の葉姫に化けたときに自分の姿を映したと伝えられているものです。

また、本殿にある御霊石は、保名と晴明と別れた葛の葉が姿を変えた石で、いまでも葛の葉姫の魂が残っているので、両手で石をなでて祈念すると願い事がかなうといわれています（御祈祷のときのみ、さわることができます）。

信太森葛葉稲荷神社の行事としては、毎年旧暦二月初めの午《うま》の日は大祭日として、また十二月初めの午の日には、新穀感謝祭があります。

信太森を訪ねて晴明と母の別れの場面を思い浮かべるのもいいでしょうが、この祭礼の日に訪れ、母・葛の葉と別れ別れになった後の晴明（童子丸）を思い浮かべてみてはいかがでしょうか。幼い晴明は、その後も保名に手を引かれて、これらの祭礼を見にきていたことでしょう。

しかし、にぎやかなお祭りのなかでも童子丸は人ごみのなかの女性たちに母の面影を探してしまったはずです。祭礼のにぎやかさの裏側に、もしかしてこのなかに母が人間の姿となっているのではないかと、母恋しさから知らずに目で追っていた幼い晴明の姿などが思い浮かんでくるかもしれません。

それと、信太森葛葉稲荷には、さすが葛の葉を由来とするだけあって、子供の夜泣きを封じるための特別なマジナイが伝わっています。古来から伝わる葛の葉のマジナイです。名前から察するに晴明の幼少時代に葛の葉が行なったものなのでしょう。

晴明にあやかって、子供が生まれたなら信太森葛葉稲荷神社で、葛の葉マジナイをかけてもらうのもいいかもしれません。

このマジナイは神社を訪れることができなくても、子供の生まれ年を神社に送ってもOKとのことです。遠方にお住まいで、マジナイをご希望される方は、まずは神社にお問い合わせのうえ、送るのもいいでしょう。

(上)信太森葛葉稲荷神社の本殿。

(右)晴明の母といわれる白狐が葛の葉姫に姿を変えたときに、鏡のように自分を映して見た「姿見の井戸」。

(左)良縁祈願の絵馬。御神木の楠は、1本の幹から二手に分かれていることから「夫婦楠(メオトグス)」と呼ばれ、良縁祈願・夫婦円満の御利益があるといわれている。

写真提供：信太森葛葉稲荷神社

③奈良晴明ツアー

☆安倍文殊院

晴明が天文観測を行なったゆかりの地

大化改新《たいかのかいしん》のときに左大臣となった安倍倉梯麻呂《あべのくらはしまろ》が、大化元年（六四五年）に安倍一族の氏寺として建てたのが安倍文殊院《あべもんじゅいん》です。建立当時は現在の寺の位置から南西三百メートルの地に、法隆寺式伽藍《がらん》配置による大寺院として栄えていました。

時の安倍寺の跡は、現在では国指定の史跡公園として保存されています。

安倍文殊院は、鎌倉時代に移転して現在の場所にあります。古来より、「安倍の文殊さんは智恵文殊」と信仰され、大和十五寺のひとつとして栄えていました。

ところが、戦国時代の永禄《えいろく》六年（一五六三年）二月に松永弾正《まつながだんじょう》によって焼かれてしまい、後の寛文《かんぶん》五年（一六六五年）四月に本堂と礼拝堂を再建されたのが、現在の安倍文殊院というわけです。

安倍文殊院には、飛鳥時代に造られた安倍一族由来の古墳が多く伝わっています。まず、文殊院西古墳。これは、安倍一族発展の基礎を築いた安倍倉梯麻呂の古墳といわれていて、特別史蹟に指定されています。

良質の花崗岩《かこうがん》を使い、左右の石数を揃え、また玄室の天井は約十五平方メートルの一枚岩を使っています。飛鳥時代の安倍倉梯麻呂の権勢と、当時の安倍一族が、いかに彼の地で力を持っていたかが象徴される古墳です。

同様に飛鳥時代の古墳としては、閼伽井《あかい》古墳と艸墓《くさはか》古墳が伝わっています。閼伽井古墳は県の指定史跡で、巨石を使って造られ、数百年にわたって涸れたことのない泉がこんこんと湧き出ています。この泉は「智恵の水」と呼ばれ、この水を持ち帰って、墨をするときに使うと書道が上達して智恵が授かると伝えられています。

さらに、安倍文殊院で出生した阿倍仲麻呂《あべのなかまろ》を祀る意味で、室町時代の作の阿倍仲麻呂像が置かれ、昭和六十年には総金色仕上げの金閣浮御堂が建立されています。堂内には仲麻呂像をはじめとして、御本尊には開運弁財天などが置かれています。

阿倍仲麻呂といえば、唐の時代の中国に留学し、唐王朝で日本人でありながら才能を認められ唐の高官となり、日本を恋しく思いながらも一生を中国で終えた人物です。『江談抄《ごうだんしょう》』やいくつかの物語では、陰陽道《おんみょうどう》を日本に持ち帰った吉備真備《きびのまきび》が唐に留学したときに、仲麻呂の亡霊に助けられたことから、その子孫の晴明を探し出し、陰陽道の秘伝を授けたということになっています。唐にいたときに鬼の出る楼に閉じこめられ、偶然にもその鬼とは、かつてこの楼に閉じこめられ餓死させられた阿倍仲麻呂の怨霊だったのです。

真備は仲麻呂の鬼に助けられ『文選《もんぜん》』を解読し、囲碁は三百六十手先まで読み、鬼を使って双六《すごろく》を取り寄せ、それを呪具にして太陽と月を封じこめ、世界を真っ暗闇にしてしまった。それに困った唐の人間が、太陽と月を元に戻してもらう約束で真備の帰国を許したというのが、おおまかなストーリーです。

しかし、前述したように阿倍仲麻呂は日本人でありながら、かなり厚遇されていますので、この部分に関しては完全な創作です。また、晴明が仲麻呂の子孫かどうかについてですが、直系か傍系かを別として、元がおなじ安倍一族の可能性はないとはいいきれません。否定も肯定もできないところです。

安倍文殊院は安倍一族の寺であったことから、晴明の木像も置かれています。境内にある小高い丘は、かつて晴明が天文観測を行なったとも伝えられています。

安倍文殊院の本堂。

(上)阿部仲麻呂、安倍晴明など安倍一族を祀る、総金色仕上げの金閣浮御堂。

(右)安倍文殊院のご本尊、国宝・渡海文殊。鎌倉時代の大仏師・快慶の作。

写真提供：安倍文殊院

無数の星々が煌めく晴明未体験ゾーン

④岐阜晴明ツアー

☆晴明が旅の途中で喉を潤した井戸水
喜八河戸（揖斐川町）

喜八河戸《きはちごうど》と呼ばれる、揖斐川町《いびがわちょう》の湧き水は、昭和六十一年に岐阜県の名水五十泉に選ばれて、薬効もあるとまでされています。

そして、この水は、安倍晴明がほめたことでも知られているのです。時期は不明ですが、安倍晴明が諸国巡遊の途中でこの村の喜八という男の家を宿としたときに飲んだとされています。そして、この水はどんな日照りのときにも涸れることがないともいわれつづけてきました。

また、この地に伝わる古文書には、こう書かれています。

「この家儀清明泊まり申し候家の由にて、以来夏の夜蚊一匹居申さず候」

つまり、晴明が泊まってから、晴明が蚊封じの呪文でも唱えたせいなのか、夏の盛りともいうべき時期に、家にはまったく蚊が出なくなったという意味のことが伝わっているのです。

この他にも、かつて明治の中ごろまでかかっていた藤橋という橋にも、晴明の言い伝えがあります。藤の吊橋のつるをつないでいた二本の榎は、もともと晴明が植えたというものです。

別な言い伝えによれば、晴明は、京からしばしばこの地を訪れては姉夫婦のためにさまざまな占いを行なっていたようです。というのは、このあたりに晴明の姉が嫁いでいたからだそうです。

残念ながら、晴明の兄弟や姉、妹がいたかどうかという記録はいっさい残っておりませんので、このお話の真偽は確かめるすべはありません。

しかし、もし言い伝えが本当だったとすると、これは晴明が姉思いの一面を見せていた貴重なエピソードとなります。

実際に晴明がこの地を訪れていた可能性ですが、少ないとはいいきれません。平安時代には、豪族が住み、町は河川を利用した交通の要所として栄えていました。

当時の交通手段は舟が中心でしたから、晴明が陰陽寮の管理する領地の視察の途中、この地を訪れたとしても不思議はないのです。

また、このあたりからは、東横山下平遺跡や東杉原小曽根遺跡が発見されています。ここには縄文時代から集落があり、そのころから文明があったのです。

縄文文明は呪術文明ともいわれています。それを思うと、晴明が京では、すでに失われてしまった古代の祭祀儀式を、この場所を訪れては探しまわっていたと想像してみてもいいかもしれません。

☆晴明が旅疲れの憩いをとった 晴明腰かけ石（揖斐川町）

おなじ揖斐川町に、安倍晴明の腰掛け石があったと伝えられています。

昭和四十八年（一九七三年）三月三十日に発行された『久世村誌』には、〈上瀬古の道端に安倍晴明の腰かけ石というのがあった。小川但馬守に挨拶のため小津に立ち寄ったとき休んだという〉と記されています。

また、昭和四十五年二月十五日発行『美濃民俗』三十三号で和田唯男氏が書かれている「小津の伝説」では、晴明石は後に民家の垣が整備されてなくなってしまったことが記されています。

それと、小川但馬守との年代の違いも述べてありますが、これは伝説特有の記憶の食い違いなのでしょう。

☆水飢饉にあえぐ村人のため、晴明が掘った晴明井戸（池田町）

池田町には、晴明井戸と呼ばれる井戸がありました。

昭和五十三年（一九七八年）三月三十一日発行の『池田町史』によると、その昔、夏の日照りがつづくと池田山麓一帯、特に草深と呼ばれるあたりは水が涸れて大変困っていたと。そのとき、この地方を通りかかった安倍晴明が、水に困っている話を聞いて村人を指示して井戸を掘りはじめたというのです。

そうして、村内には七つのつるべ井戸が掘られたそうです。

晴明の掘ってくれた井戸のおかげで、それからはどんな日照りがつづいても、草深は水に困ったことがなく、その恩から井戸を晴明井戸と呼ぶようになったそうで、その跡は草深に残っているそうです。

日本海から吹き流れる若狭の風がかぐわしい

⑤福井晴明ツアー

☆土御門(安倍)家の陰陽道がいまも息づく おおい町暦会館

暦会館のあるおおい町名田庄《なたしょう》は、安倍晴明の末裔《まつえい》たちと実に深い関係に結ばれています。

もともとこの地は、土御門《つちみかど》家を名乗り京の公家となった安倍家が「泰山府君《たいざんふくん》」の神領地として継承されてきた場所なのです。

かつて、安倍家は河内渋川、近江高島などを所領とし、また陰陽寮《おんみょうりょう》の学生の衣食を支給するための財源として、摂津山田、摂津資勝跡地、山城吉祥院、向日町、但馬、播磨、紀伊鳴神、美濃のいずれかを、ときに応じて朝廷から与えられ、七十万石を領有したと伝えられています。

土御門文書によると、安倍家が初めて名田庄とかかわりを持ったのは、正和《しようわ》六年（一三一七年）に泰山府君知行として安倍有弘《あべのありひろ》に綸旨《りんじ》が下ったのが最初です。

南北朝の時代ともなると、貞和《じようわ》二年（一三四六年）に有弘の子の長親が、北朝から若狭のこの地に居住するように勅命を受けますが、陰陽寮の運営から果たすことができず、代わりに政所を置いて領地の管理にあたらせていました。

その後、応仁《おうにん》元年（一四六七年）に応仁の乱が起きると、御所は焼かれ、陰陽寮そのものも灰となります。御所を中心に京の半分がこのときに焼けてしまったのです。乱は十一年で終わりますが、この乱が始まったときに、優美さを残した京は完全に消失してしまいます。

残ったのは、この世の地獄です。

それもあったのでしょう。長享《ちようきよう》二年（一四八八年）には安倍有宣らは、京からこの地に移り住むようになり、慶長《けいちよう》六年（一六〇一年）に京極《きようごく》家が若狭《わかさ》の領主になるまで、百十年以上のあいだ、安倍家はこの地に住んだのです。

ちなみに安倍家が土御門家を正式に名乗るようになったのは、この地に移り住んで約八十年後の永禄《えいろく》五年（一五六二年）からです。

百年以上も晴明の末裔たちが住んでいただけあって、おおい町名田庄には土御門（安倍）家由来の資料が豊富です。福井県の史跡とされている土御門家墓所、また土御門遺跡などもそうです。

そのなかでも暦会館は、土御門（安倍）家に関する資料が約二百点、暦に関する資料が約五百点、祈祷と易に関する資料が約二百点と、陰陽道に関する収蔵資料の点数では、ずばぬけたものがあります。それ以外にも、中世の天文観測記録や泰山府君に関する資料、古暦や陰陽道に関する祭祀資料なども整っています。

収蔵品のなかには、京暦という京都で刊行されたもっとも歴史の古い暦もあります。京暦は、伊勢暦と違って巻暦が主で、陰陽道的な暦注も記されています。文章などはすべて、木版で刷られています。

これら暦の作成は、かつては陰陽寮が行なっていました。しかし、天和《てんな》三年（一六八三年）に土御門泰福《やすとみ》が霊元《れいげん》天皇からすべての陰陽師を土御門の下とし、造暦も土御門家が行なうと綸旨を受けてからは、すべては土御門家の管轄となったのです。

伊勢暦にしても、江戸幕府の暦にしても、すべては土御門家を経由することなしに作成も配布もできなかったのです。

暦会館には、暦を統括した土御門家が月食や木星を観察した記録も展示されています。

代表的ともいえるのは、寛政《かんせい》十年（一七九八年）十月十五日夜の木星の観察記録と、翌十六日の月食の観察記録です。中国流の天文観測儀を使って観測したと思えるこれらの記録は、赤道をはじめ、さまざな星座に関しても克明に記されています。

暦会館では常設展以外にも、企画展として暦、易、天文などに関する資料展示を時期に応じて行なっていますので、陰陽道に興味がある人であれば必ず知的探究心を満足させることができるはずです。

また、晴明の末裔の記録だけではなく、安倍晴明を描いた絵など、晴明に関する資料も暦会館ではもちろん見ることができると付け加えておきます。

尾張は陰陽師伝説の宝庫

⑥名古屋晴明ツアー

☆晴明が蛇封じの術を施した 晴明神社

愛知県郷土資料刊行会が出した『千種《ちぐさ》区の歴史』には、寛和《かんな》三年（九八七年）に安倍晴明が尾張を訪れて、上野清明山に住み、その住居跡が晴明神社になったという言い伝えが紹介されています。

訪れた時期が本当だとすると、晴明が六十七歳のころとなります。花山《かざん》天皇の譲位を予知した翌年の出来事となります。

偶然かどうか、寛和三年には晴明が京にいたことを示す記録はいっさいありません。その翌年は記録があるのですが、この年にかぎってまったく記録がないのです。となると、もしかすると、という気にもなります。

晴明がこの地に住んだとき、マムシや蛇が現われては人に被害を与えていたので、晴明が加持祈祷《かじきとう》で封じたとも伝えています。

その霊験を奉じて安永《あんえい》七年（一七七八年）に建立されたのが晴明神社で、ご神体の石は明治の初めに京都の晴明神社から分霊を受けたものだと伝えられています。

晴明神社は昭和三十二年（一九五七年）九月に神社再興委員会が発足し、翌年には愛知県神社庁に登録されていまにいたっています。

海部郡蟹江町には晴明塚があり、晴明が修験者の修行をしていたときに使ったほら貝が埋められている伝説があり、犬山市や江南市にも晴明が訪れ、そこで虫を封じたと伝えられています。

東海にもあった晴明超人伝説

⑦静岡晴明ツアー

☆晴明が大暴風雨鎮静の祈祷を行なった福王寺

福王寺《ふくおうじ》は一千年前に真言宗高野山の末派として建立された、古式ゆかしい寺です。永観《えいかん》二年（九八四年）に類を見ないほどの大暴風雨がこの地を襲い、大災害をもたらしたとき、晴明が諸国行脚の途中、福王寺を訪ねたと伝わっています。

時に晴明六十四歳。この年の七月二十八日、京で晴明は円融《えんゆう》天皇の譲位は一カ月後と予言しています。すでに晴明の予言が宮中でも評判になりはじめていたころのことです。

暴風雨というと、梅雨の長雨、夏の雷雨、秋の台風のどれかですが、未曾有《みぞう》の大災害というニュアンスからするに、おそらくは台風だったのではないでしょうか。それも、かなりの大型台風だったと考えられます。

この地に伝わる伝説では、晴明が、福王寺境内西方の岡に登って、暴風鎮静の祈祷をすると、たちまち暴風雨はやみ、快晴となったと伝えています。

住民は晴明の神通力をたたえて、晴明を風の神に祀りました。それ以来、毎年風祭を行なうこととなり、以来、福王寺のある山を風祭山《ふうさいざん》と呼ぶようになったということです。

境内には晴明が祈祷した場所がいまでも伝わっていて、記念碑もあります。

また、晴明は晴明大権現として、いまも祀られています。

ちなみに、この福王寺は今川氏ゆかりの寺でもあり、今川家の初代で遠江《とおとうみ》・駿河《するが》の国の守護大名だった今川範国《いまがわのりくに》の墓所もあります。

福王寺は、江戸時代の三百年にわたって十万石の格式をもって待遇されていた、実に格式のあるお寺なのです。

東国の地にいまも伝わる晴明伝説

⑧鎌倉晴明ツアー

☆知らずに踏むと足が丈夫になる 八雲神社晴明石

安倍晴明にまつわるものが北鎌倉にもあります。『鎌倉の野仏』（鎌倉近代史資料七）によると、八雲神社境内の北側にある山岳信仰碑のそばにある石塔が、晴明石と呼ばれている石なのです。

江戸幕府が編纂した地誌『新編相模国風土記稿』の鎌倉郡山之内村の部分には、「晴明石。往還中に二所あり、各大は三尺許、石のそばに各井あり、安倍晴明が加持水にして火難を防ぐ奇特ありと云伝ふ」と記されています。

言い伝えによると、晴明石は水をまつっていたようで、火難除けと雨乞い神として信仰されていたようです。そして、石をわざと踏むと家族に不幸が訪れたり、病気になるといい、逆に知らずに踏むと足が丈夫になると伝えています。

この晴明石、もともとは十王堂橋付近にありましたが、鎌倉街道拡張のため、現在の八雲神社に移したということです。

☆安倍晴明大神碑
晴明が加持祈祷を行なった地

晴明大神碑はふたつあります。ひとつは、鎌倉街道とＪＲ横須賀線が交差する踏切を渡ってすぐの右端にあります。表に「安部《※原文ママ》晴明大神」と刻まれ、裏に明治三十九年七月吉日と刻まれていますが、残念ながら由来などは伝わっていません。

もうひとつは鎌倉街道を、さらに建長寺方面に向かって、約二百メートルほど行った右側にあります。鎌倉五山の筆頭である建長寺野南の鎮守、第六天社の石段の途中に、目的の石碑が立っています。少し見にくいですが、しっかりと「安部《※原文ママ》晴明大神碑」の文字が見えます。

『新編相模国風土記稿』によると、これ以外にも、いまの藤沢市宮ノ前には、昔、晴明が雨請いの儀式に使った塚が晴明塚としてあったと記されています。

晴明の史跡が数多く残されている

⑨茨城晴明ツアー

☆晴明生誕地伝説の最北端の地
晴明神社

茨城県筑西市《ちくせいし》に猫島《ねこしま》という場所があります。

平安時代には常陸国《ひたちのくに》猫島村と呼ばれていました。すでに本文中でも何度も紹介した、『簠簋抄《ほきしょう》』由来の安倍晴明出生の地とされる場所です。

『簠簋抄』には、吉備真備が帰国して八十歳の生涯を終えようとしたときに、

「自分がいまのようになれたのも、すべては中国で私を助けてくれた阿倍仲麻呂の亡霊のおかげだったのだ。そのことを私は一生の恩と感じている。だから、仲麻呂の子孫にこそ唐から命がけで持ち帰った陰陽道の秘伝書『金烏玉兎集《きんうぎょくとしゅう》』を受け継がせた

い」

と、常陸国筑波山麓猫島に住む仲麻呂の子孫の童子を見つけ出して、秘伝書を譲りわたしたと記述されています。

その晴明ですが、鹿島神社の祭礼に行くときに、子供たちが寄ってたかって一匹の小さな白い蛇をいじめているところに通りかかり、助けたことで晴明は竜宮に案内されて、そのおかげで鳥の会話がわかるようになり、鹿島神社の烏《からす》の会話で京の天皇がかかっている重い病の原因を知り、この猫島の地を離れて京へ向かうのです。

そのとき、晴明は五〜六歳であっただろうといわれています。

もちろん、突然、子供が京に上っても天皇に面会などかなうはずもありません。

ですから、晴明は京の町に立ち、予言めいた不思議な歌を毎日歌い、その評判を聞いた天皇に仕える貴族たちが、藁にもすがるつもりで晴明を内裏へ召し出し、その瞬間に烏がいっていた場所を示し、そこにいる蛇が原因だと告げるや、それを取り除かせるのです。

するとたちまち、晴明の占いは評判となり、天下一の陰陽師となるのです。

これが猫島を発ってから陰陽師になるまでのおおまかな流れです。

さて、晴明生誕の地と記されている場所だけに、晴明に関する伝説も実に豊富です。

この地の高松家に伝わる晴明伝記の版木がいまも残っています。それと安倍晴明を祀った晴明神社も高松家に伝わっている神社です。

また、この晴明神社の近くには、晴明が生まれたときに産湯に使った井戸とも、竜王から晴明が与えられた井戸ともいわれている晴明井があります。

ほかに、どんな洪水にも流されることのない晴明がかけた石橋、晴明橋があったと伝えられています。かけたといっても、陰陽師の晴明が工事の指揮をとったとは考えにくい話です。

おそらく後年、大陰陽師として一家をなし、財産にも恵まれるようになった晴明が、生まれ故郷を訪れたときに、橋をかける費用を恩返しのつもりで自ら負担したのでしょう。

そして、落成したときに結界を張り、すべての水難を封じたのかもしれません。

橋はいまは残っていませんが、かつて橋があった場所には、晴明橋跡として由来を記した石碑が立っています。

晴明が奥羽行脚で見そめた景勝の地

⑩福島晴明ツアー

☆競馬ファンに霊感あらたか
福島稲荷神社

福島稲荷神社の社伝には、永延元年（九八七年）に安倍晴明が詔《みことのり》を奉じて、京から奥州《おうしゅう》に下った際に、かつて吹島《ふきしま》の里と呼ばれたいまの福島を訪れたと記されています。

そして、西には吾妻山《あづまやま》、北には信夫山《しのぶやま》が平原のなかにそびえ、南には澄んだ水の阿武隈川が東に向かって流れ、山水の風致、自然の景勝のすばらしさだけではなく、農耕にも適した環境であることから、晴明はここに社を建てて、衣食住を司る豊受比売《とようけひめ》大神《おおかみ》をこの地に呼び、この地を鎮守させたそうです。

年代的には、晴明が名古屋を訪れたころとおなじ年にあたります。

しかし、おなじ九八七年でも、名古屋は寛永三年ですから、向こうのほうが訪れたのは先ということになりますが、だからといって名古屋を経由して福島に下ったとは、これだけでは断定はできません。

さて、晴明が奥州まで来た理由ですが、朝廷から新たな荘園として開発するにふさわしい場所を地相占《ちそうせん》によって、見つけ出してくるようにいわれたのではないでしょうか。

そのなかで、特にすばらしい場所だったのが、いまの福島市宮町だったのでしょう。

その後、晴明の孫の清明が社殿を改築したと伝えられていますが、晴明の孫には清明という名前の人物はいませんから、これは名前が間違って伝わったか、晴明の孫弟子にあたる人物で清明なる人物がいたかのどちらかと考えられます。

江戸時代には福島藩の鎮守とされ、昭和十三年に現在の社殿が建てられています。

また、晴明伝説とはまったく関係ありませんが、福島は馬の産地であり、競馬に関しては八十年の歴史を持つことから、福島稲荷神社には競馬勝守りという全国でも珍しいお守りがあり、競馬ファン必携のお守りの神社として有名です。

〈写真・取材協力〉

信太森葛葉稲荷神社・安倍晴明神社・阿部王子神社・安倍文殊院
ほか安倍晴明ゆかりのたくさんの神社・お寺・役場などの皆様

〈参考文献〉

新日本古典文学大系『今昔物語集四・五』『枕草子』『宇治拾遺物語』『江談抄　中外抄　富物語』『日本霊異記』／日本古典文学大系『栄華物語』『古今著聞集』／大日本古記録『小右記』『御堂関白記』／『お伽草子』（以上、岩波書店）
国史大系『日本紀略』『続日本紀略』『古事談』（吉川弘文館）
史料大成『権記』（臨川書店）
完訳日本の古典『大鏡』（小学館）
『無明抄』（三弥井書店）
『源平盛衰記』（芸林社）
『仮名草子集成』第一巻（東京堂）
『千草区の歴史』（愛知県郷土資料刊行会）
『岐阜県の名水』（大衆書房）
『日本神祇由来事典』（柏書房）
『陰陽道の本』／藤巻一保『安倍晴明』（学研）
『播磨歴史研究』（第十七・十八合併号）
志村有弘『平安京のゴーストバスター』（角川書店）
荒俣宏＋小松和彦『妖怪草子』（工作舎）
佐竹昭広『酒呑童子異聞』（平凡社）
三谷茉沙夫『妖の日本史』（評伝社）
山口博『王朝貴族物語』（講談社）

安倍晴明研究会（あべのせいめいけんきゅうかい）

作家・南原順を会長として、陰陽師・安倍晴明や中世の日本の歴史に関心の深い30代～ 50代の編集者、教師、図書館職員などによって構成された私的サークル。なお、会そのものは本書の出版をひとつの区切りとして発展的解消を遂げている。
南原順のプロフィールは、青森市出身。著作は『東京探偵姫』全3巻（幻冬舎コミックス）など、アニメ・ゲーム・ボイスドラマと多岐にわたる。現在は劇団ボイスマジック代表として、『晴明奇伝～魂の迷宮～』の上演など、舞台活動にも力を入れている。

本書は、1999年8月に小社より発刊された『陰陽師「安倍晴明」超ガイドブック』の改装改訂新版です。

二見レインボー文庫

陰陽師《おんみょうじ》「安倍晴明《あべのせいめい》」

著者　安倍晴明研究会《あべのせいめいけんきゅうかい》

発行所　株式会社 二見書房
東京都千代田区三崎町2-18-11
電話　03(3515)2311［営業］
03(3515)2313［編集］
振替　00170-4-2639

印刷　株式会社 堀内印刷所
製本　株式会社 関川製本所

落丁・乱丁本はお取り替えいたします。
定価は、カバーに表示してあります。
2016, Printed in Japan.
ISBN978-4-576-16171-6
http://www.futami.co.jp/

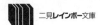

二見レインボー文庫　好評発売中！

読めそうで読めない 間違いやすい漢字
出口宗和

誤読の定番から漢検1級クラスの超難問まで、1868語を網羅。

オーパーツ 超古代文明の謎
南山 宏

恐竜土偶、水晶どくろ…ありえない古代遺物が物語る衝撃の事実！

図解 早わかり日本史
楠木誠一郎

130項目と詳細図解で、時代の流れが一気に頭に入る本。

自分でできるお祈り生活のススメ
酒井げんき

出雲大社承認者が教える、浄化して運に恵まれる暮らしかた。

霊 誰かに話したくなる怖い話
ナムコ・ナンジャタウン
「あなたの隣の怖い話コンテスト」事務局 編

「郵便受けから覗く女」「死を招く非通知電話」他50の怨恨実話！

怨 誰かに話したくなる怖い話
ナムコ・ナンジャタウン
「あなたの隣の怖い話コンテスト」事務局 編

「こんな顔を見ないで」「邪悪なピエロ人形」他54の戦慄実話！